Melancholie & Sehnsucht

Christian Sahm

Impressum

Jahr: 2024

ISBN 9789403749907

Lektorat/ Korrektorat: Janine Mordass
Covergestaltung: Christian Sahm

Verlagsportal:
Veröffentlicht und gedruckt über Bookmundo

Für Satu

Sehnsucht

Allein bin ich, doch nicht allein,
Kann in Gedanken bei Dir sein,
Im Traum kann ich Dein Atem spüren,
Die Nacht sie wird mich zu Dir führen.

Du bist stets fern und doch so nah,
Ist Traum denn Traum oder doch wahr?
Ich schließ die Augen, seh Dein Bild,
Mein Herz es rast, es schlägt so wild.

Im Traum hör ich die Stimme Dein,
Sie flüstert mir so lieb und fein,
Ermuntert mich mit ihrem Klang
Und treibt mich doch in irren Wahn.

Es ist ein Traum so seltsam schön,
Er möge niemals mehr vergehn!
Doch graut der Tag, es flieht die Nacht
Und trauernd bin ich aufgewacht.

Die Winternacht

In dunkler Nacht bei Feuerschein,
Da träumt ich von meim Liebchen fein,
Von Ihrem süßen roten Mund,
Der mich geküsst hat manche Stund.

Ich träumt von Ihrem goldnen Haar,
Von Ihren Augen blau und klar,
Von Ihrer Stimme sanft und zart,
Ich träumt von Ihrer ganzen Art.

Es wärmte mir das Herze fein,
Zu träumen von dem Liebchen mein,
In mancher kalten Winternacht -
Hab ich nur an dies Weib gedacht.

Es flog die Zeit, das Haar wart grau,
Der Frost fror meine Hände blau,
In jenem Traum ich mich verlor,
Bis ich in Einsamkeit erfror.

Das Ende

Ein Schluck, ein Glas, ein Fläschelein,
Nun komm mein Freund, eins geht noch rein,
Nun zier dich nicht und sei ein Mann,
Zeig uns was ein Mann trinken kann!

Ein Fässchen Wein für dich allein,
Dazu du rauchst ein Pfeifchen fein,
Du willst entfliehen all dem Wahn
Und ersäufst all deinen Gram.

Es erschrickt dich innerlich,
Wenn du siehst im Spiegel dich,
Doch zum Glück ist da im Schrank
Noch ein Gutelaunetrank.

Schluck für Schluck leerst du die Flasche,
Greifst nach der Pfeife in der Tasche,
Steigst auf den Stuhl, legst an den Strick,
Ein letzter Zug, ein letzter Blick.

Nun ist es aus, der Tod tritt ein,
Du baumelst an der Decke fein,
Die Augen auf, der Blick so starr,
Schaust du hinaus zum Fenster da -

Auf Sonnenblumen, Felder, Wiesen,
Doch konnt'st du all das nicht genießen,
Die Arbeit aus, das Liebchen fort -
Flohst du an einen bess'ren Ort.

Zu zweit allein

Nun sind wir Zwei nicht mehr allein,
Doch sitz ich in meim Kämmerlein,
Wünsch von Dein Lippen nur ein Wort,
Doch bin ich hier und Du bist dort.

So ewig lang ist jed Sekund,
Die ich wart auf neue Kund.
Doch es bleibt stumm, so still im Raum,
Ich wünschte es wär nur ein Traum.

Dann wär mein Traum die Wirklichkeit,
Ich wär bei Dir, wir wärn zu zweit.
Doch stellt der Traum mich nicht zufrieden,
Erschwert er mir doch Dich zu lieben.

Du sagst „Hab doch mit mir Geduld!"
Und wenn Du gehst so fühl ich Schuld.
Bin ich nicht Grund für Dich zu bleiben?
Warum lässt Du mich weiter leiden?

Ich dachte: wir sind nun ein Paar,
Die Welt wird bunt und wunderbar.
Doch Schatten schleicht auf mein Gemüt,
Die Zweisamkeit ist nicht erblüht.

Seit ich Dir meine Lieb gestand,
Hast Du Dich von mir abgewandt.
Oder bild ich mir dies nur ein,
Ich weiß es nicht, ich könnte schrei'n.

Gewiss die Zeit ist Dir stets knapp,
Die Arbeit sie hält Dich auf Trapp.
Doch schon so lang sehn ich nach Dir,
Schenk doch nur ein paar Stunden mir!

Wir sind zu zweit, nur ich allein,
Ich wöllte so gern bei Dir sein.
So hoff ich stets auf Zeit mit Dir,
Bis ich allein den Kopf verlier.

Erlöse mich

So leer ist mir von meinem Sehnen,
Es fließt kein Blut in meinen Venen.
So stark ist aller Leben Schmerz,
Es steht nun still mein rasend Herz.

Und in Melancholie verfallen,
So spüre ich des Todes Krallen.
Im Wein will ich den Kummer tränken,
Will er mir nicht Erlösung schenken?

So leer ist mir von meinem Lieben,
Ich seh den Weg nicht vor mir liegen.
So stark der Drang nach Deiner Näh,
Ach tät die Lieb nur halb so weh!

Komm süßer Tod, beend mein Leiden!
Lass Krähen an meim Leib sich weiden,
Lass mich ertrinken an dem Wein,
Ich will nicht länger lebend sein!

Lass mich erkennen deine Gnade,
Gib mir den Tod als milde Gabe.
Leg mich ins Grab, das nasse kühle,
Auf das ich nie mehr Liebe fühle.

Und wieder greif ich nach der Flasche,
Doch leb ich weiter, werd noch nicht Asche.
Und so trink ich zu vergessen,
Bin ich doch von Dir besessen!

Die nackte Wirtin

Von Alkohol und schönen Weibern,
Von Tabakqualm und nackten Leibern,
Möchte ich euch nun berichten
Und ein kurzes Verslein dichten.

Es trug sich zu in der Spelunke:
Da trat aus dem Kamin ein Funke,
Er flog der Wirtin an den Busen
Und wollt mit ihrem Fleische schmusen.

Da riss die Wirtin, jung und schön,
Ihr Kleid vom Leib, ach war das schön!
Die nackte, bleiche Haut so rein,
Sie funkelte im Feuerschein.

Und alle Gäste johlten auf
Und tranken einen Wein darauf.
Die nackte Wirtin, jung und schön,
Wart lang vom Trunkbold angesehen.

Dann fasste er sich allen Mut,
Trank aus den Wein und sprang voll Glut,
Der schönen Wirtin vor die Beine,
Die war bestürzt und klatscht ihm eine.

Und mit eilig langem Schritt,
Zog sich das Weib im Qualm zurück.
Und so warten in der Spelunke,
Nun alle Mann des nächsten Funke.

Liebe und Schmerz

Ich schenk Dir meine Tränen,
Ich schenke Dir mein Herz,
Das Blut in meinen Venen,
Komm schenk mir Deinen Schmerz!

Die Last auf Deinen Schultern,
Lad sie mir auf den Leib,
Darfst mir den Rücken krümmen,
Du holde, schöne Maid.

Verbrenn mein Fleisch mit Feuer!
Zerschinde meine Haut!
Du bleibst mir lieb und teuer,
Komm werde meine Braut!

Ertränk mich in den Fluten!
Erstick mein Lebenslicht!
Werf Steine auf mich nieder,
Bis das mein Herze bricht!

Lass mich alles ertragen,
Den Schmerz in Deiner Brust.
Ich werde nicht versagen,
Bin krank voll Liebesdurst!

Lass all die Lasten fallen,
Hernieder auf mein Haupt!
Lass Fäuste auf mich prallen,
Ich hab 'ne dicke Haut.

Du darfst mir alles geben,
Dein Gram und Deinen Schmerz.
Ich werd die Sünd Dir nehmen,
Und schließ sie in mein Herz.

Belade mich mit Schande,
Wenn es Dich glücklich macht.
Werf all die Sorgen nieder,
Erschieß mich in der Nacht!

Wenn es zu Deinem Glücke,
So sterb ich gern für Dich.
Stürz mich von einer Brücke!
Vergifte mich zu Tisch!

Führ mir nur all das Leid zu,
Das Dir im Herzen wohnt.
Denn über meinem Haupte,
Der Sensenmann schon thront.

Lass mich die Bürden tragen,
Ich trag sie gern für Dich,
Denn tief in meinem Herzen
Fühl ich, ich liebe Dich!

Unerreichbar

So nah bist Du und doch so fern,
Bist meine Sonn, ein strahlend Stern.
Will meine Liebe Dir bekennen,
Doch würd ich mich an Dir verbrennen.

Führ ich zur See, wärst Du das Meer,
Das Land, ich bräucht es nimmermehr.
Will Dein Herz so gerne entern,
Doch mein Schiff es würde kentern.

Und wärst Du Wein, so rot wie Blut,
Tät mir das Trinken doppelt gut.
Will Dich mit Liebe überhäufen,
Doch würd ich mich an Dir ersäufen.

Du bist der Tag und ich die Nacht,
Du gehst zur Ruh, ich bin erwacht.
So unerreichbar und doch nah,
Ich liebe Dich auf immer da!

Stumm und still

Und wieder sitz ich stumm und still,
Weiß nicht wohin, nicht was ich will.
So schwer und drückend mein Gemüt,
Das Haupt gesenkt, der Blick getrübt.

So sehr sehn ich was mir verwehrt,
Nach dem was lang mein Herz begehrt,
Erstick in quälend stiller Ruh,
Denn was ich brauche das bist Du.

Doch darf's nicht sein, nicht jetzt und heut,
Darf Dir nicht zeigen Lieb und Freud.
Wenn ich Dich sehe und betrachte,
Darfst Du nicht spüren wie ich schmachte.

Darf Dir nicht zeigen was ich fühl,
Muss es verbergen stumm und kühl.
Du trägst genug schon eigne Last,
Auch wenn es mich zerreißet fast.

Und so sitz ich, stumm und still,
Sag Dir kein Wort was ich doch will,
Schau aus der Dunkelheit auf Dich
Und wünschte mir Du liebtest mich!

Mein dunkles Selbst

Mit dem Messer Stück um Stück
Schneid ich in dein Fleisch.
Wie ein Kind bin ich entzückt,
Von deinem Gekreisch.

Tiefer muss die Klinge sinken,
Tiefer in das rote Blut.
Will mich an Deinem Leid betrinken,
Schließ die Augen fühl dich gut!

In der Kammer dunkle Schatten,
Angekettet an der Wand.
Nagen an den Füß dir Ratten,
Schönres hab ich nie gekannt!

In der Hand die rote Klinge,
Rot getränkt von deinem Blut
Und du hörst des Todes Stimme:
„Ich komm zu dir, alles wird gut!"

Nein, ich lass Ihn nicht dich holen!
Du bist mein für alle Zeit!
Hat mir schon die Lieb gestohlen,
Mich verbannt in Dunkelheit.

Und ich schneide fleißig weiter,
Tiefer in dein süßes Fleisch.
Summe leis ein Lied so heiter,
Erfreue mich an deim Gekreisch.

Der Traum vom Tod

Bei Kerzenschein in dunkler Nacht,
Lieg ich im Bett und bin doch wach.
Voll Schwermut pocht das Herze leis
Und von der Stirn fließt kalter Schweiß.

Gedankenbilder ziehn vorbei
Und mein Herz es springt entzwei.
Es friert der Winter mir den Leib,
Zu sterben ist's wohl an der Zeit.

Der Körper jung, der Geist so alt,
Er sehnt sich nach dem Ende bald.
So leis wie man nur schleichen kann -
Nähert sich mir der Sensenmann.

Mit schwarzer Robe, kalter Hand -
Zertrennt er mir das Lebensband.
Doch meine Seel sie zeigt sich nicht,
Sie bleibt im Dunkel, flieht nicht ins Licht.

Es spricht der Tod mit düstrem Blick:
„Ich komm in ein paar Jahrn zurück.
Solang noch Lieb ist in deim Leib,
Darfst du nicht sterben, tut mir leid!“

Und mit schwerem dumpfen Schritt,
Kehrt er ins Totenreich zurück,
Doch was nützt Lieb mir in der Brust,
Wenn sie mich quält mit Liebeslust?

Wenn ich geh

Schwer und schmerzvoll ist der Schritt,
Der mich von Dir entfernt.
Verflucht sei dieser Augenblick,
Der mir das Herz entflammt!

So warm und liebvoll war die Zeit,
So sorglos und ohne Gram.
Und wieder ging ich wohl zu weit,
Weiß nicht wie's dazu kam.

Ein Augenblick in dem die Welt -
Zum Stillstand scheint verdammt,
Zu kurz die Zeit die uns verband,
Die wohl niemals zu uns stand.

So schön die Augen, warm der Blick
Und doch hält Feigheit mich zurück,
Zu küssen Deinen süßen Mund
Und Dir zu geben liebvoll Kund.

Doch drängt die Zeit, sie ist so knapp,
Es tickt die Uhr, es folgt der Schlag
Und wieder führt mein schwerer Schritt,
Mich weit von Dir ins Nichts zurück.

Vom Licht ins Dunkel der kalten Nacht,
In der ich trauernd einst erwacht,
In der ich weine, hoffe, sehne
Bis wir uns sehn erneut Du Schöne.

Das letzte Gericht

Tief in Kälte eingeschlossen,
Ohne Licht in Dunkelheit,
Eis und Schnee sind das Gemäuer,
Sind getränkt mit Grausamkeit.

Kein Licht erhellt die dunklen Schatten,
Die mir in die Seel gebrannt,
Die mich foltern, quälen, töten
Und doch bleib ich unerkannt.

Bis zu neuem Leben wach ich
Und das Herz mir wird entflammt,
Doch die Schatten wider Willen -
Haben mich zum Tod verdammt.

Tod, welch süßer Kuss von Frieden!
Frei von aller Erdenlast!
Gib Erlösung mir und halte,
Was du einst versprochen hast!

Ja, im Tode werden schwinden -
All die Zweifel, all das Flehen
Und am Ende meines Pfades -
Werd ich doch zu Grunde gehen.

Ein alter Freund, er wird schon warten,
In der tiefen Dunkelheit,
Sitzt am Tisch, schaut in die Bücher,
Sagt: „Es ist nun an der Zeit!“

Schwarz verhüllt, mit dunkler Stimme -
Sitzt er da, der Sensenmann,
Fragt mich ob ich gut gelebt hab
Und ob ich stets Recht getan.

Nein, mein Freund, muss ich gestehen -
Wenn ich vor Ihm nieder geh,
Drum hab bitte kein Erbarmen,
Wenn ich in Deine Augen seh!

Doch er lächelt unverfroren,
Kein Leid seh ich in seinem Blick,
Statt der Strafe voller Grauen -
Schickt er mich ins Licht zurück.

Ach wie lang hab ich gesehnt mich,
Nach dem strahlend hellen Schein!
Doch was nützt mir all die Schönheit,
Fühle ich mich doch allein!

Und ich hör sein schallend Lachen -
Um mich her und überall,
Denn die Strafe ist so grausam
Und bringt jeden Mann zu Fall.

Einsamkeit in Ewigkeiten,
In gar strahlend hellem Schein,
Ohne Liebe, ohne Wärme,
Dies soll meine Strafe sein.

Nein, der Tod bringt nicht Erlösung,
Auch nicht Frieden, ist nicht süß,
Zeigt mir all die bösen Taten,
Dass im Tode ich sie büß!

Träne auf Träne

Träne auf Träne, Kette an Kette,
Kugel an Kugel, Stein auf Stein,
So ziehen wir ein
In des Landes Mitte

Setzen uns nieder
Und stehen wieder,
Können nicht einen,
Können nicht weinen

Träne auf Träne stürzt aus dem Aug,
Weinen wir Bäche und Flüsse uns an,
Können nichts ändern,
Ändern nichts dran

Kette an Kette stehen die Bein,
Kann mich nicht wehren,
Bin nicht mehr mein

Kugel an Kugel lieget der Stahl,
Will sie zerbrechen,
Doch hab ich keine Wahl

Stein auf Stein bildet die Mauer,
Unsre Augen voller Trauer
Und Träne auf Träne wird zum Meer,
Die Ketten sprengen wir nimmermehr!

Träne auf Träne, Kette an Kette,
Kugel an Kugel und Stein auf Stein,
Wollen wohl helfen
Doch darf es nicht sein

Albtraum

Ohne Gnade zieht die Zeit,
Will alles wohl verschlingen
Und über mir steht schon bereit,
Der Adler mit seinen Schwingen.

Der Himmel ist dunkel
Und schwarz ist die Nacht,
Ich höre ein laues Munkeln.
Der Adler fliegt für uns in die Schlacht,
Die Augen kristallisch funkeln.

Der Tag bricht heran,
Doch er kommt nicht zurück.
Das Land ist verloren,
Verloren ist's Glück.

Es liegen die Federn noch auf dem Feld,
Die Federn des Adlers, er war unser Held.
Gebrochen die Flügel, gebrochen der Blick,
Gebrochen ist alles, auch unser Geschick.

Ich schrecke nach oben
Und sehe mich um,
Der Traum ist vorüber -
Doch bleibe ich stumm!

Was Liebe ist

Was Liebe ist das will ich sagen,
Doch stellen sich mir tausend Fragen.
Wo kommt sie her? Wo geht sie hin?
Was ist der Grund und was der Sinn?

Sie kommt vom Herzen, nehm ich an,
Egal von welchem, Frau oder Mann.
Und wie entsteht das Liebesspiel?
Und ist die Fortpflanzung das Ziel?

Fortpflanzung ist der Effekt,
Wenn der Samen nicht verreckt.
Und was folgt aufs Liebesspiel?
Das Kind das aus der Mutter fiel.

Doch Liebe ist nicht ganz allein -
Zur Fortpflanzung, das kann nicht sein.
Vielmehr ist Liebe ein Gefühl,
Manchmal ist's heiß und manchmal kühl.

Im Allgemeinen muss man sagen,
Man kann die Liebe schon ertragen.
Sie ist das Schönste auf der Welt
Und man bekommt sie nicht für Geld.

Doch was die wahre Liebe ist,
Für manchen bleibt es ungewiss.
Ich hatte Glück, hab sie gefunden,
Verbracht mit ihr schon schöne Stunden.

Was Liebe ist kann ich nicht sagen,
Doch sie geht manchmal durch den Magen.
Ein Kuss ist wohl die Liebe wert,
Bevor man sich zum Altar schert.

Was Liebe ist, find's selbst heraus,
Drum such dir eine süße Maus!
Und ich weiß es jetzt ganz genau,
Ich hab 'ne wunderbare Frau!

Regen der Tränen

Es regnet und das freut mich sehr,
Ich wünscht' es regnete noch mehr,
Denn jeder Tropfen der da fällt,
Ist eine Träne die mir fehlt.

Ein dunkler Tag, so grau -
Als wüsste dieser Tag genau,
Wie ich jetzt fühle und empfinde,
Wie ich in meinem Dasein schwinde.

Ein dunkler Nebel zieht vorüber
Und legt sich meinen Gedanken über.

Meine Stimmung drückt mich nieder
Und mein Herze schreit schon wieder.
Nach Deiner Liebe schreit es mir,
So fragt es ständig nur nach Dir.

Regen falle tief herab,
Spüle aus ein nasses Grab!
Wolke lass den Nebel fallen,
Bette mir ein weißen Sarg!

Erlöset mich von meiner Qual!
Lasset mich sterben durch den Stahl!
Meine Tränen weint der Regen,
Der Tod ist mir die beste Wahl.

Der Konflikt

Tu ich's oder tu ich's nicht?
Geh ich oder bleib ich starr?
Handeln oder handlungslos?
Seh ich Wahrheit oder nicht?

Kerker der mein Herz umschloss,
Sonnenschein der ihn zerschoss,
Morgensonn hat mich erbaut,
Abenddämmrung mich beraubt.

Jede Nacht da lieg ich wach,
Denk an dich und denke nach,
Was das Leben mir erhellt,
Ist der Traum der bessren Welt.

Tu ich's oder tu ich's nicht?
Lass ich alle Träume gehen?
Ich muss helfen, kann verstehen,
Kann die Plagen vor mir sehen.

Geh ich oder bleib ich hier?
Ich komm mit, ich helfe dir,
Nur der Narr bliebe jetzt stehen,
Hätte Angst, würd' kein Schritt gehen.

Handeln oder handlungslos?
Ich bin der, der Kugeln goss!
Nimm sie an dich, setz sie ein,
Der Sieg soll unser aller sein.

Seh ich Wahrheit oder nicht?
Für unser Leben gibt es Licht!
Die Ketten sind nun aufgesprungen,
Titanen passt auf, die Zwerge kommen!

Ein Heer von Zwergen steht bereit,
Mein Land, jetzt ist die rechte Zeit!
Der Adler im Herzen ist wieder erwacht
Und jeden Tag wächst seine Macht.

Jede Nacht da lieg ich wach,
Denk an Deutschland, denke nach.
Deutschland du mein Vaterland,
Uns verbindet ein heiliges Band!

Vom Aussterben bedroht

Der Mensch hat es im Leben schwer,
Erst rennt er hin, dann wieder her.
Er hasst und liebet sich fast tot
Und stirbt am End durch Hungersnot.

Er lebt ein Leben voller Hast,
Ein Leben das ihm selbst nicht passt!
Ein Haus, ein Garten wunderschön,
Die Kinder müssen betteln gehen.

Für ihn ist nicht interessant die Welt,
Den Mensch interessiert nur sein Geld.
Durch Kriege verwüstet er die Natur,
Der er einst den Frieden schwur.

Habgier und Geiz machen ihn schlecht,
Doch denkt der Mensch er habe Recht.
Er lebt in Reichtum, schwimmt im Geld,
Doch hungern noch Menschen auf dieser Welt.

Ändert der Mensch sich nicht im Handeln,
So wird er bald von der Erde wandeln.
Er wird sich hängen, erschießen, ermorden
Und sich schließlich selbst ausrotten!

Wissen

Was nützt uns Wissen,
Was kann's uns lehren,
Wenn wir es bloß zum Bösen kehren?

Es nützt uns nichts!
Was hat's gebracht?
In der Vergangenheit eine Schlacht,

Zwei Kriege die nicht enden wollten,
Schlachten die so viel Tote holten,
Wissen soll uns vorwärts bringen,
Durch Wissen wird die Welt zerspringen!

Blumenleben

Das Leben ist wie eine Blume,
Sie wächst, gedeiht, dann geht sie ein,
Auf einer Wiese grün und rein,
Will selten sie alleine sein.

Gewachsen bin ich und gediehen,
Um mich zu finden musst du fliegen.
Erwachsen auf dem höchsten Stein,
Werd immer wohl alleine sein.

Da ist kein Same und auch kein Korn,
Hier trifft sich nur wer tot geborn.
Der Geist des Berges, der harte Stein,
Das Leben steht hier wohl allein.

Tief in der Spalte, am höchsten Stein,
Hier wuchs ich auf, fing an zu gedeihn.
So wollt ich wachsen, wollt erblühen,
Wollte in der Sonne stehen.

Doch wuchs ich auf in Dunkelheit,
In Kälte und in Einsamkeit.
Kein Wesen hat mich je gesehen
Und bald schon werd ich nicht mehr stehen.

Das Leben ist wie eine Blume,
Sie wächst, gedeiht, dann geht sie ein.
Erwachsen auf dem höchsten Stein,
Wird immer sie alleine sein.

Das Rätsel

Ein Baum bin ich, doch ohne Blatt,
Ein Feld bin ich, doch ohne Saat.
Was ich bin und was ich werde,
Weiß der Mond, wissen die Sterne.

Ein Fels bin ich, doch ohne Stein,
Ein Stock bin ich, doch ohne Wein.
Was ich bin und was ich werde,
Weiß die Nacht und weiß die Erde.

Ein Buch bin ich, ohne Papier,
Ein Geizhals bin ich, ohne Gier.
Was ich bin und was ich werde,
Weiß das Schaf und weiß die Herde.

Ein Hirte bin ich, ohne Vieh,
Ein Läufer bin ich, ohne Knie.
Was ich bin und was ich werde,
Weiß der Mond, wissen die Sterne.

Ein Gletscher bin ich, ohne Eis,
Sag mir Menschlein wie ich heiß!
Was ich bin und was ich werde,
Weiß die Nacht und weiß die Erde.

Mein Name ist, ich kann‘s nicht sagen,
Werd ihn tief im Fels vergraben.
Was ich bin und was ich werde,
Weiß das Schaf und weiß die Herde.

Ich bin ein Wesen der Natur,
Was ich dir sage ist die Spur,
Willst du mich finden schau hinein,
Ich werde ganz tief in dir sein.

Liebestraum

In tiefer Nacht lag ich im Bett,
Da war ein Traum so lieblich nett,
Ein schönes Weib mit süßem Leib,
Ich sagt zu ihr oh bitte bleib.

Der Leib so schön, so weiß die Haut,
So engelsgleich schien sie gebaut.
Die Augen schön, ein stolzer Blick,
Wie Sterne funkelnd, welch ein Glück.

Sie sang ein Lied gar wunderbar,
Ein Lied das schön wie keines war.
Es war so gut ihr Stimmenklang,
Dass in mir wachte Liebesdrang.

Ich schüttete mein Herz ihr aus
Und führte sie zu mir nach Haus.
Ich wollt sie küssen, sie verschwand,
Ich hielt mich fest an ihrer Hand.

Dann wuch ich auf. Ich träumt nicht mehr.
Der Traum war aus und mir war leer.
Ich habe oft an sie gedacht,
Doch sah ich sie nur diese Nacht.

Morgendämmerung

Der Augen klare Lüste,
Im düstren Kerzenschein.
Ach Liebchen wenn ich wüsste,
Wie lang bist Du noch mein?

Die Liebe will ich teilen,
Mit Dir, Du schönes Ding.
Lass mich bei Dir verweilen
Und tausch mit mir den Ring!

Die Stunde schlägt so böse,
Die Glocke schellt zum Tag.
Das tägliche Getöse -
Wohl niemals enden mag.

Die Zeit sie rennt, sie schwindet,
Den Abschied wir begehen.
Was uns auf ewig bindet,
Im Herzen kann man's sehen.

Leb wohl Du nun mein Liebchen,
Leb wohl Du schönste Maid.
Ich bin Dein Herzensdiebchen,
Schwör Dir den Liebeseid.

Verbannt

In der Ecke tief verborgen,
In dem Herzen hart wie Stein,
In den Eimer ohne Boden -
Wein ich meine Tränen rein.

Ein Totenkopf, den will ich tragen,
Unerkannt im Dunkel sein.
Kein lebend Mensch der soll mich finden,
In Einsamkeit da will ich schrein.

Verschlossen sind die Herzenspforten,
Begraben all der Liebesgang,
Verfluchen könnt ich meinen Freund,
Der mein Herz zu Boden zwang.

Tief im Leibe schmerzt die Seele,
Erdolcht jeder Gedankengang.
Und dunkel färbt sich meine Miene,
Voll von grauenvollem Zwang.

Das Gespräch wart abgebrochen,
Noch bevor ein Worte fiel!
Meine Meinung ist nicht wichtig,
Mord und Todschlag ist Dein Ziel.

Mein Freund, wir warn einst wie ein Mann!
Die Furie uns auseinander Zwang,
Der Boden unter den Füßen mir bricht,
Die Hölle schreit, mein Leben erlischt.

Hilflos

Geschrei, nichts als Geschrei!
Warum Streit, immer nur Streit?
Keine Ruhe, kein zärtliches Wort,
Ständiger Krieg, ständiger Mord.

Es ist der Krieg, der Krieg der Worte,
Der Streit der jedes Gefühl ermordet,
Der Streit, der alle Liebe fraß,
So das ich meinen Freund vergaß.

Die Träne im Auge, im düsteren Blick,
Schuld ist der Streit, ich geh nicht zurück.

Der Bund ist gebrochen,
Der Streit ihn entzweit,
Ich bin voller Grollen
Und Schuld ist der Streit.

Und wieder die Hektik und wieder Geschrei,
Ich hielt dir die Treue, jetzt ist es vorbei.
Oh Freund, mein Freund es tut mir so leid!
Doch diese Frau hat uns entzweit.

Es geht nicht vorüber der Streit, das Geschrei,
Der Krieg eurer Worte, er geht nicht vorbei.

Einst hab ich geliebt dich -
Mein Freund so sehr,
Jetzt werd ich dich lieben -
Wohl nimmermehr.

Ich soll ignorieren den Streit, das Geschrei,
Egal meine Meinung, egal ist mein Schrei.
Du nimmst keine Hilfe, von mir oder wem,
Ich darf dir nicht helfen, darum muss ich gehn.

Tausend Rosen

Ich sitze hier, Du bist weit fort,
Irgendwo an einem fremden Ort.
Jeder Gedanke schweift zu Dir
Und es schmerzt das Herze mir.

Sehnsucht die ich nie gekannt,
Liegt nun in meinem Herzen blank.
Und egal was ich auch tu,
In meinem Kopfe schwebest Du.

Eine Rose für die Augen,
Die mich ansehn engelsgleich.
Eine Rose für die Hände,
Welche streichelten mein Fleisch.

Tausend Rosen für die Liebe,
Die mein Herz zum Rasen bringt.
Tausend Rosen für Deine Küsse,
Die für mich sind Hochgenüsse.

Tausend Rosen schenk ich Dir,
Du gabst schon so viel Wärme mir.
Und immer stehest Du mir bei,
Egal, was immer es auch sei.

Ich liebe Dich von ganzem Herzen,
Dein Verlassen wär'n Todesschmerzen.
Ich liebe Dich unsäglich sehr,
Oh bitte komm bald wieder her!

Spät zur Nacht

Es ist spät, ich lieg noch wach,
Starr in die sternenklare Nacht.
Ich fühl mich einsam und allein,
Wie gern würd ich jetzt bei Dir sein.

Mit meiner Hand Dein Nacken necken,
Mein Kopf in Deinem Schoße betten.
Biete mir Silber, biete mir Gold,
Du bist mein Schatz, Dir bleib ich hold.

Doch einsam lieg ich in dem Bette
Und schau zum Himmel auf die Sterne.
Siehst Du den gleichen Stern wie ich?
Und denkst Du auch gerad an mich?

Oh wenn der Tag doch schneller nahte,
Es nagt an mir wie eine Ratte.
Oh komm doch schnell du Tag heran -
An dem ich die Liebste halten kann!

So einsam ist es ohne Dich,
Denn ich vermiss Dich fürchterlich.
Mein Liebchen komm nur bald zurück,
Du bist mein Leben, bist mein Glück.

Nun schlafe gut, nun schlafe tief,
Im Traume dann, da küss ich Dich.
Und mit der Hand kämm ich Dein Haar,
Ich wünschte nur es wäre wahr.

Liebeskummer

Ein Mägdlein steht am Abgrund,
Sieht in die Fluten rein.
Das Herz wart ihr gebrochen -
Im Abendsonnenschein.

Nun liegt es in den Fluten,
Verdorben und allein,
Keiner wird's je finden,
Kein Knab springt da hinein.

Zwei Hälften hat das Herze,
Die Liebe zog ihm aus.
Und schauest du am Ende,
Sieht jedes Herz so aus.

Ein Mägdlein steht am Abgrund,
Die Arme weit gestreckt,
Hat Tränen in den Augen,
Hat einen düstren Blick.

Da springt von einer Klippe,
Das Mägdlein in die Flut,
Das Herz gibt keinen Puls mehr,
Ihr Leben war voll Wut.

Stumm und blind

Wir können nichts wissen,
Können nichts sagen,
Sehen jeden Tag die Plagen
Und können keine Hilfe raten.

Düstre Augen, finstre Mienen,
Weiße Haut und rote Striemen,
Nackte Füße, offne Wunden,
Hier verbracht ich manche Stunden.

Wir können nicht helfen,
Wir können nicht rein,
Es tut uns leid,
Doch ihr seid allein.

Dunkle Kammer, schwere Ketten,
Schwarze Balken, blutige Wände,
Rostige Gitter, hilflose Hände,
Will euch helfen, will euch retten!

Wir woll'n es nicht wissen,
Wollen nichts sagen,
Wir wollen nichts sehen,
Könn's eh nicht verstehen.

Im Kerker

In einer Ecke, nass und kalt,
In meiner Zelle, klein und eng -
Bin ich gebrochen von Gewalt,
Der Blick ist gar so seltsam streng.

Der Blick schweift zu dem Fensterloch,
Zu Gitterstäben noch und noch,
Die eingelassen in die Mauer,
Heraufragen wie Todeshauer.

Den Mond sah ich schon lang nicht mehr,
Sieht er nur selten noch hier her.
Tod und Verderben bringt der Ort,
So manchem bracht er Meuchelmord.

Am Galgen dort hängt noch ein Mann,
Den man heut Morgen dorthin hang,
Gefoltert und gespannt aufs Rad,
Nun kommt er in ein Massengrab.

Ketten rasseln auf dem Gang,
Ich weiß die Zeit für mich ist ran.
Mit Stolz erheb ich mein Gesicht,
Trete hervor und zeige mich.

Des Beiles Keil blitzt im Mondlicht,
Zerschlägt mit Wucht mein Angesicht.
Und Blut läuft auf dem Boden aus,
Die Seele fährt ins Teufelshaus.

Träumer

Ich sitz auf meinem Stuhle,
Wissen über Wissen strömt auf mich ein.
Doch kann ich es kaum fassen,
Dringt es doch nicht hinein.

Ich weiß nicht was ich tue,
Ich bin am falschen Ort,
Sagt doch in dieser Schule -
Der Träumer kaum ein Wort.

Ich sitze da und träume,
Träum gar den ganzen Tag
Und sehe in die Ferne,
Was ich mal werden mag.

Ihr könnt mir viel erzählen,
Ich habe keine Lust,
Seh jeden Tag die Plagen,
Bin jetzt schon voller Frust.

Ich will gewöhnlich werden,
Kein Denker will ich sein,
Fühlt man sich doch als Denker -
Immer so allein.

Ich will eine Familie gründen,
Will Kinder und ein Haus,
Doch ich sitz hier und denke,
Komm aus Gedanken nicht heraus.

Der Berg

Im Tale stehst im finst'ren Wald
Und sehnst dich nach Geborgenheit.
Der Berg so hoch, er ist so kalt,
Der Weg zu ihm ist noch so weit.

Dort oben auf dem Gipfel da,
Dort leuchtet es gar wunderbar
Und all dein Handeln und dein Sinnen
Stimmt an, das Leuchten zu gewinnen.

Du richtest auf dich, auf zwei Beine,
Wanderst über Stock und Steine.
Weit gehst du gar viele Jahr,
So dauert es, dann bist du da.

Der Berg ist hoch, der Fels ist schroff,
Du kletterst mit Mühe nur hinauf.
Doch oben das Leuchten es ziehet dich an,
Du bist vom Lichte angetan.

Mit Mühe nur erkämpfst du Höhe
Und fürchtest dich vor jeder Böe,
Die vom Berge weht herab,
Du gibst nicht auf, du treibst nicht ab.

Und immer wieder da ein Stein -
Auf dem du rutschst ins Tal hinein.
Und immer wieder da ein Kiesel –
Der bringt dich stets ein Stückchen tiefer.

So kletterst du Tag aus Tag ein,
Doch kannst an nichts dich mehr erfreun.
Die Monate schwinden, die Jahre vergehen,
Nur das Leuchten kannst du noch sehen.

Bist fast schon am Gipfel, fast schon am Licht,
Da spürst du wie dein Augenlicht bricht.
Erschlafft sind die Muskeln,
Du lässt dich gleiten,
Stürzt unter dir in die endlosen Weiten.

Dein ganzes Leben bist du geklettert,
Hast nie gelebt, hast nur gewettert.
Nun liegst du im Tale wo du einst standest,
Wo du das Licht des Berges erkanntest.

Vernichtung

Noch bist du fröhlich,
Noch geht es dir gut,
Noch stehen die Häuser,
Noch glüht die Glut,
Noch ist es warm dir,
Noch rennt die Zeit,
Noch kannst du atmen,
Noch ist‘s nicht soweit.

Noch blühen die Blumen,
Noch liegt der Stein,
Noch stehen die Bäume,
Noch fließt der Rhein,
Noch scheint die Sonne,
Noch ist es hell,
Noch ist das Gras grün,
Noch ist es grell.

Bald bist du traurig,
Bald geht’s dir nicht gut,
Dann steh'n keine Häuser,
Dann glüht keine Glut,
Bald ist es kalt dir,
Bald steht die Zeit,
Dann kannst du nicht atmen,
Dann ist es soweit.

Bald blüht keine Blume,
Bald lieget kein Stein,
Dann stehn keine Bäume,
Dann fließt auch kein Rhein,
Dann scheint keine Sonn mehr,
Dann ist Dunkelheit,
Bald ist das Gras grau,
Bald ist es soweit.

Gleich fällt die Bombe,
Gleich ist's vorbei,
Gleich ist der Tod hier,
Gleich Raserei,
Gleich bleibt die Zeit steh'n,
Gleich ist es aus,
Gleich musst du sterben,
Gleich fällt dein Haus.

Jetzt ist Verwüstung,
Jetzt ist es kalt,
Jetzt wirst du sterben,
Jetzt schallt dein "Halt!"
Jetzt ist die Welt leer,
Jetzt ist es geschehen,
Jetzt und nicht später
Wird die Welt untergehen.

Luzifers Leiden

Schlafe tief und schlafe gut,
In Deinem Bette liegt die Glut,
In meinem Herzen brennt ein Feuer,
Ich bin das Biest, das Ungeheuer.

Mit leisem Schritt tret ich heran,
Betört von meinem Liebeswahn,
Ich leg die Hand auf Dein Gesicht,
Oh schönes Mädchen wache nicht.

Schlafe tief und schlafe fest,
So gern läg ich in Deinem Nest.
Und meine Hand den Mund berührt,
Die Lippen die mein Kuss gespürt.

Und leisen Schrittes wie ich kam,
Entfern ich mich voll Kummergram.
Die Nacht verhüllt mein Angesicht,
Doch Du liegst da und rührst Dich nicht.

Träume tief und Träume lang,
Dein Tag beginnt mit Sonnengang.
Der Schatten zieht mich magisch an,
Mein Tag beginnt mit Trauerklang.

Des Abends, wenn es dunkel wird,
Tret ich ans Bett von Lieb umwirrt
Und küsse Deinen Erdbeermund,
Verbringe so gar manche Stund.

Doch Du schlaf tief und schlafe gut,
Träum schön von Blüten rosenrot,
Erwache nicht, seh mich nicht an,
Der Blick zu Stein den Körper zwang.

Die letzte Nacht ich bin bei Dir,
Mein Herz verblutete oft hier.
Und nach dem ersten Sonnenschein -
Öffnet sich mir der Totenschrein.

Schlafe tief und schlafe gut,
In Deinem Bette liegt die Glut,
Die kein Mann auf Erden kannt,
Und gar den Teufel hat verbrannt.

Wiedersehen

Die Sonne scheint, der Tag ist schön,
Heut werde ich Dich wiederseh'n.
Ich wartete so lang auf Dich
Und wie ein Kinde freu ich mich.

Ich will nicht ohne Dich mehr leben,
Lieber würde ich dann sterben.
Ohne Dich wäre die Welt -
Wohl wie ein Konto ohne Geld.

Ein Tag den ich mit Dir verbracht,
Wärmt wie ein Feuer in kalter Nacht.
Und wie ein Feuer brennt in mir,
Die Liebe die ich schenke Dir.

Doch noch sind wir getrennt für Stunden,
Noch muss ich warten, noch verbunden -
Sind die Blumen, das Pergament
Und das Feuer in mir brennt.

Wenn wir dann wieder vereint
Und die Sonn noch heller scheint,
Werd ich Dich küssen, jed Sekund,
Ich werd es müssen Stund um Stund.

Siehst Du am Horizont das Licht?
Erkennst Du diesen Schein denn nicht?
Es sind die Flammen der Ewigkeit,
Das Liebesfeuer es leuchtet weit.

Ich sag Dir nun mein größter Schatz,
Ich liebe Dich, geb Dir nen Schmatz.
Und liebest Du mich ebenso,
Dann setz Dich zu mir und sei froh.

Das Resultat

Das Land verloren, die Erde verbrannt,
Den König auf den Barren man bannt,
Und stumm und ohne jeglich Wort,
Trug man seinen Leichnam fort.

Ein König zog einst in den Krieg
Und bracht dem Land so manchen Sieg.
Mit seinem Schwert und seinem Heer -
Fiel er über die Völker her.

Keine Armee ihm Einhalt gebot,
So dass er immer weiter fort zog.
Und tausend Meilen weit von Daheim,
Da fiel er wieder in ein Land ein.

Doch dieses Volk, dessen Land er betrat,
War hochgewachsen, kräftig und hart,
Auch an Klugheit fehlte es ihnen nicht,
So dass man Jahre um dieses Land ficht.

Und trotz des Königs Übermacht,
Trieb man zurück sein Heer in der Schlacht.
Und grausam musste der König erfahren,
Was er seinem Volk bracht für Gefahren.

Als er die Grenze seines Landes überschritt,
Da folgt ihm der Feind und der Krieg kam mit.
Verzweifelt kämpft der König in der Schlacht,
Doch der Feind ist zu stark, hat zu viel Macht.

Und wie Justitia den König nun stieß,
Den der für Reichtum kämpfen ließ,
Tief in die Brust stößt sie ihm das Schwert,
So dass sein Schrei im ganzen Lande man hört.

Recht der Natur

Masse schwerer Urgewalten,
Von Feuer, Wasser, Luft den alten,
Von den neuen die sich wandeln,
Um die Erde sie verhandeln.

Um der Erde ihre Masse -
Zieht der Kampf den ich so hasse.
Feuer, Wasser sind ein Strudel,
Der Wind jagt dieses wilde Rudel -
Über Stöcke, über Steine,
Nicht selten über Menschenbeine.

Verwüstung und Chaos, durch Masse erzeugt,
So mich das Elend der Menschen erfreut!
Feuer, Wasser, Sturm und Beben -
Sollen ihre Kraft ausleben!

Wo der Mensch bleibt in all dem Leiden,
Den selbst geschaffenen Schrecklichkeiten?
Wir haben die Erde mit Kriegen zerpflückt,
Nun holt die Natur ihren Besitz sich zurück.
Der Mensch erklärte der Welt den Krieg,
Doch der Natur gehört dessen Sieg.

Es hat der Mensch seinen Ursprung verhohnt,
Ihn zu erhalten sich nicht mehr lohnt.
So fege du Sturm und Wasser du fließe
Und Feuer du brenne, ihr Berge so grollt,
Bis dass den Mensch von der Erde ihr holt.

Ohne Grund

Halt! Kontrolle!
Koffer und Papiere,
Die Frage wo ich hin wolle,
Die Hunde garstige Tiere

Schnüffeln und wühlen,
Meine Akten, tausend Blätter,
Kein Mitfühlen,
Nebliges Wetter

Der Kontrollpunkt hinter mir,
Langsam fördre ich die Schritte,
Und erneut ein „Halt, bleib hier!“
Und ich spür Justitias Tritte

„Dreh dich um!“
Lieg schon am Boden,
Hände auf dem Rücken nun
Und Justitias Helden toben

Schmerzdurchweichte Glieder,
Trauerweide mir im Blick,
Tritte, Schläge – wieder,
Ein Schrei, der Tod bricht das Genick

Sizilien

Wenn Du dies sehen könntest,
In hellem Sonnenschein -
Das Meer am Horizonte glänzet,
Dein Herz würde erfreun.

Es weht der Wind kein Wölkchen -
Am blauen Himmelszelt.
Eine sanfte Brise -
Zieht über Flur und Feld.

Die Hügel und die Berge,
Sie schlummern sanft und schön.
Ach, könnt'st mit eignen Augen -
Auch Du dies Lande sehn.

Lass uns gemeinsam wandeln,
Auf Bergen und im Tal,
Lass uns dies Land erkunden,
Im glänzend Sonnenstrahl.

Traumgespinst

Wach ich oder träum ich gar?
Was passiert, ist's wirklich war?
Ist mein Leben nur ein Traum?
Zerfließt am End alles zu Schaum?

Es muss ein Traum sein, Du bist hier,
Schmiegst Dich doch so fest an mir.
Es muss ein Traum sein, wir sind zu zweit,
Wir haben ewig lang noch Zeit.

Denn wärs kein Traum, wärn wir getrennt
Und jeder im eigenen Bette pennt.
Und auch die Zeit sie wär nicht da,
Die Zeit mit Dir ist wunderbar!

Doch kann es Traum gar keiner sein,
Schmeck ich doch Tee und Küchelein,
Kann ich doch spüren leichten Schmerz,
Kann ich doch hören dein starkes Herz.

Ob's ein Traum ist oder wahr,
Ganz egal, Du bist ja da.
Kann Dich ja fühlen, kann Dich küssen,
Leg meine Liebe Dir zu Füßen.

Ist's ein Traum soll er nie enden,
Soll mich ewig weiter blenden.
Liebe ist es die uns erhält,
Die den meisten Menschen fehlt.

Gib nicht auf!

In Gedanken tief versunken -
Tobt die ewig lange Schlacht,
Zu viel Menschlichkeit getrunken,
Um den Verstand sie dich gebracht.

Alles Wissen will zerstören,
Jeder Tropfen frisst sich ein,
Zur Verzweiflung dich empören,
Gib nicht auf, bist nicht allein!

In den Augen stehen Tränen,
Einsam fühlst du dich allein
Und sie laufen dir in Strömen,
Nein du sollst nicht traurig sein.

Fakten, Wissen, ein Gemetzel,
Steck den Kopf nicht in den Sand,
Heute ist's noch Rumgehetzel,
Morgen bist du schon entspannt.

Lass die Hoffnung nicht entweichen!
Heb den alten Willen auf!
Lass den Mut dir nicht erweichen!
Dieses ist dein Lebenslauf.

Denk dran, du bist nicht alleine,
Deine Freunde steh'n zu dir,
Habe Mut dazu und weine,
Hast du Trauer komm zu mir.

Rede wenn dein Herz hat Kummer!
Sag mir dein Gedankengang!
Doch bitte, werde nicht noch stummer,
Lass uns zieh'n am selben Strang.

Nachtwanderung

Dunkel ist's in stiller Nacht,
Schwarz der Wald, der Uhu erwacht.
Gespenstische Nebel versperren die Sicht,
Umrisse von Bäumen, mehr siehst du nicht.

Und wie ein jeder Baum sich streckt,
Im Nebel er zum Leben erweckt,
Ein Ungeheuer ohne Gleichen,
Vom Wege willst du nicht abweichen.

Tausende Augen sehen herab,
Aus Bäumen und Sträuchern wie in ein Grab.
Die Stimmen der Geister sie singen dich an,
Ziehen dich in ihren fiebrigen Bann.

Und jedes Geräusch, jeder knackende Ast,
Bringt dich in noch größere Hast.
So raset dein Herz und strömet dein Blut,
Du fürchtest dich vor der nächtlichen Brut.

Wie Kobolde stehen am Wegesrande,
Fliegenpilze in einer Bande,
Umflattert von Fledermausgetier,
Stehlen sie die Sinne dir.

Der Vollmond, von Wolken halb verhüllt,
Den Wald mit grausamem Lichte erfüllt.
Und in der Ferne und doch ganz nah,
Erklingt der Ruf des Wolfs schauderbar.

Mit krächzender Stimme -
Die Rabenschar schreit,
Immer über dem Kopf sie dir bleibt.
Sie singen ein Lied, dem Tode geweiht,
Mit Stimmen von elender Schrecklichkeit.

Dort vorn da wird‘s heller,
Dort vorne ist Licht,
Doch deine Angst sie schwindet nicht.
Noch grausiger, düstrer denkst du jedes Blatt,
Der Mondschein legt alles in grässliches Matt.

Nur einen Schritt noch,
Nun tritt aus dem Wald,
Die Geister sie rufen dir nach „Bis bald!"
Ein letzter Blick nur zum alten Baum,
Was du in ihm sahst,
Selbst glaubst du es kaum.

So lächerlich erscheint es dir,
Dass du dich fürchten musstest hier,
Bei diesem schönen Mondenschein,
Der silbern fällt auf Stock und Stein.

Und lächelnd drehst du dich jetzt um,
Gehst weiter deiner Wege nun.
Mit einem Liedchen froh und klar,
Vergisst du schnell was grad noch war.

Liebesrat

Was schaust du traurig aus dem Aug?
Sag welcher Schmerz dir Tränen raubt!
„Ein dunkler Schauer mich erschreckt,
Er hat sich in meim Herz versteckt."

Was ist es, das dein Herz bedrückt,
Ein dunkler Schleier um dich rückt?
„Ein kaltes Feuer brennt in mir,
Es brennt die Liebe weg von hier."

Was ist es, dass dein Munde schweigt,
Ein stummes Sinnen ihn umleibt?
„Ein Scharlatan der mich entzückt,
Hat mir mein Herz vom Platz gerückt."

Es ist die Liebe die dich quält,
Du liebst ein Mann der dir gefällt.
Oh ja, oh ja ein Mann s'ist wahr,
Ich seh's an deinen Augen gar.

Du Mädchen bitte glaube mir,
Wenn du ihn liebst dann hol ihn dir.
Dann raubt dir Tränen nur die Freud,
Heiß brennt dir's Feuer dann im Leib.

Depressivum

Wieder stehe ich am Ende,
Wieder weiß ich keinen Rat,
Das Unglück ist mein bester Reiter,
Reitet mit mir in den Tod.

Der Mond ist wohl der treuste Freund mir,
Da die Sonn schon lang nicht schien,
So ist er ewig mein Begleiter,
In der Nacht zieh'n wir dahin.

Durch die Dunkelheit des Wissens,
Durch die Dunkelheit des Seins,
Durch die Wälder ohne Bäume,
Über Berge ohne Stein,
Bis am Ende unsrer Reise -
Nur die Dunkelheit gewinnt.

Das Leben wird mir leblos bleiben,
Doch bleibt der Tod mir dennoch fern.
Untot in untoter Begleitung,
Ohne Leben zieh ich hin,
Hass und Liebe meine Söhne,
In der Mitte die Gewalt.

Manchen Weg hab ich beschritten,
Manches Hindernis beräumt,
Das da lag in meiner Bahn
Und umging manche Gefahr'n.

Wieder fliehen, wieder rennen,
Immer wieder Tag auf Tag,
Durch die Dunkelheit des Waldes,
Über Wurzel, über Stein.
Wieder fühle ich mich leerer,
Wieder fühl ich mich allein.

Lieg ich hier in diesem Grase,
Sehe wie die Zeit verrinnt,
Auf dem Boden, Blick zum Himmel -
In die Sorgenlosigkeit.
Doch ist mir klar, ich kann nichts wissen,
Weiß der Mensch nichts von der Welt.

Und so gehen wir untröstlich,
Jämmerlich ist unser Bild,
Gehen weiter in die Ferne,
Sehen nimmer einen Sinn.

Mein Begleiter ohne Träne,
Blutend mein Gedankengang,
Hinter uns ist gähnend Leere,
Vor uns breitet Nichts sich aus.

Wieder stehe ich am Ende,
Wieder weiß ich keinen Rat,
Nur der Mond lässt seinen Schein mir,
Leuchtet mir bis in mein Grab.

Wald

Im Wald versteckt,
Von Bäumen umgeben,
Ein altes Gleis,
Spuren von Leben.
Vergessen, verwachsen
Und unendlich schön,
So kann man in die Vergangenheit sehn.

Das Rauschen der Bäume,
Die Blätter im Wind,
Geschwungene Äste,
Harz das gerinnt.
Setze dich nieder
Hier in das Gras,
Lausche den Bäumen,
Sie sagen dir was.

Strahlen der Sonne
Fall'n durch die Kronen,
Jagen die Schatten
Von Baum zu Baum,
Stehen beinander,
Geh'n in sich über,
Licht und Schatten
Ziehen vorüber.

Vögel erwachen
Am frühen Morgen,
Singen den Tag an,
Verjagen die Nacht,
Atme die Luft ein,
Sammle die Kraft,
Schlagende Herzen,
Das Leben erwacht.

Warten auf's Liebchen

Ich sehn mich so nach Deiner Näh,
Das mir tut mein Herz so weh!
Ach wenn heute schon morgen wär,
Ich vermiss Dich doch so sehr!

Deine Augen und Dein Haar,
Ich hab geträumt Du wärest da.
Deine Lippen zart und rot,
Ich liebe Dich bis in den Tod.

Ach, mich zerfrisst die Lieb nach Dir,
Warum nur bist Du jetzt nicht hier?
Warum streifen wir nicht durch Wälder,
Gehen Hand in Hand durch Felder?

Oh, mein Herz es mag zerspringen
Und ich muss mit Tränen ringen,
Denn werd erst in sieben Tagen
Ich von Deinen Küssen laben.

Doch die Tage woll'n nicht schwinden
Und lachen, wie sie mich doch schinden!
So tief im Leibe sticht mein Herz,
Es ist die Lieb ein quälend Schmerz.

Erfolglos

Wo liegt der Sinn in all dem Streben?
Wo liegt er wenn wir alles geben?
Warum müssen wir Kriege führen?
Warum tun wir uns tot studieren?
Was ist der Grund für all das Leiden?
Was sollen all die Schrecklichkeiten?

Lasst mich zufrieden, ich will nichts hören,
Ich lass meine Ruhe von euch nicht stören.
Ich will nicht wissen wo und warum,
Was der Grund ist, ich dreh mich nur um.

Wo ist das Wasser, das Feuer zu löschen?
Wo ist das Holz,
Das die Welt bracht zum köcheln?
Warum drehst du dich einfach um?
Sag mir warum bist du so unglaublich dumm!
Was willst du tun wenn hier alles brennt?
Was wirst du tun,
Wenn der Mensch die Welt sprengt?

Lasst mich in Ruhe, ich hör euch nicht zu,
Euch kann‘s egal sein was ich hier tu.
Mich interessiert nicht was andere machen,
Für mich sind nur wichtige meine Sachen.

Geld und Reichtum nützen nicht viel,
Der Erhalt der Welt ist unser Ziel.
So sieh es doch ein! Es ist nicht schön,
Die Welt in Rauch und Asche zu sehn!

Mensch du bist ein Ungetier,
Zerstörst was du erbaut hast dir!

Goldener Schrein

Ein Traum gar seltsam wunderschön,
Ich sah die Welt in ihm untergehen.
Der Mensch hat die Erde vom Leben befreit,
Sie war so grau voller Übelkeit.

Auf einem Hügel stand ein Schrein.
Man fragte: „Was wird drinnen sein?"
Kein Mensch den Inhalt jemals sah,
So spricht man Sagen wunderbar.

Von Gold und Reichtum in dem Schrein -
Spricht der Mensch und wird gemein.
Unbedingt will er ihn haben,
Sein Leben lang vom Schatze laben.

Und weiter spricht der Mensch im Nu:
„Zu dem Golde kommt hinzu,
Es vermehrt sich,
Nimmt man's aus dem Schrein,
Wird neues Gold bald drinnen sein."

Es spricht sich herum der Myth vom Golde,
So dass bald ein jeder wollte -
Diesen Schrein für sich erringen,
Doch keinem Mensch konnt es gelingen.

In dem Kampfe der entfacht -
Wart ein jeder umgebracht,
Bis am Ende eine Macht,
Siegte in der letzten Schlacht.

Und der König dieser Macht -
Auf den Hügel stieg voll Pracht,
Über Leichen und Gebeine,
Stieg er stolz zum goldnen Schreine.

Als er öffnet ihn voll Lust -
Fällt ihm Kummer in die Brust,
In dem Schrein fand er kein Gold,
Das er so gern haben wollt.

In dem Schrein lag nur ein Blatt,
Schon sehr alt, die Schrift war matt,
So der König las mit Schreck -
Dies Pergament und rannte weg.

Wie schön der gold'ne Schrein auch war,
Er brachte den Menschen den Tod nur nah.
So nach dem öffnen ein Sog entbrach,
Der alles Leben der Erde erstach.

Die Büchs der Pandora wart aufgetan,
Entfesselt wurde der Todeswahn.
Goldrausch und Gier aus Sagen erdacht,
Hat allen nur den Tod gebracht.

Nichts

Ein Tag so trüb und frei von allem,
Er war so schön man wöllt ihn malen,
Frei von Gedanken, frei von Dunkelheit
Und frei von unbarmherziger Grausamkeit.

Ein leerer Tag könnte man sagen,
Doch sehn ich mich nach solchen Tagen,
So ruhig, so still und ohne Qualen,
Solche Tage wöllt ich malen.

Solche Tage wöllt ich leben,
Alle Gedanken niederlegen,
Die Stille, die Ruhe wöllt ich genießen,
Diesen Tag wöllt ich nie missen.

Ein Tag so schön wohl wie kein and'rer,
Doch bin ich ein Gedankenwandler,
Der niemals leer im Kopfe ist
Und dessen Kopf Probleme frisst.

Das Nichts ist was der Kopf begehrt,
Was der Verstand mir stets verwehrt.
Kein Tag der Ruhe, kein Tag so schön,
In Gedanken werde ich untergeh'n.

Und fragt mich einer was denn sei,
So sag ich: „Es ist einerlei“ -
Denn was im Kopfe ich verficht,
Sag ich keinem Menschen nicht!

Ewig einsam

Wartend sitze ich allein -
An dem Tische und ich wein,
Manche Träne fällt herab -
In das dunkle tiefe Grab.

Blutend aus dem Herz entrissen -
Muss die Seel die Liebe missen,
Unvergänglich schön und kalt,
Lieb und Tod die Urgewalt.

Zitternd greif ich nach der Hand,
Die im Fiebertraum entschwand,
Glühend rot der Augenschein -
Der sich brennt im Herzen ein.

Kalter Schweiß perlt vom Gesicht,
Dich zu küssen, wag es nicht,
Schatten zeichnen ihre Bahn,
Tränken mich mit Liebeswahn.

Unermüdlich Tag und Nacht,
Quält mich diese düstre Macht,
Liebe soll den Mensch erheben
Und doch kostet sie mein Leben.

Kann nicht ruhen, schlafen, denken!
Willst Du nicht Deine Lieb mir schenken?
Tiefe Trauer bricht mein Herz,
Es umhüllt mich rasend Schmerz.

Und wie die Träne fall ich herab -
In das dunkle, tiefe Grab,
Wo in Einsamkeit ich wein
Und auf ewig bin allein.

Viel Glück

Grübel, grübel und studiere,
Forsche, wisse, ausprobiere
Und am Ende vieler Jahr -
Stehst du da und dir wird klar:
All das Lernen und Bestreben -
Kann dir nicht Erlösung geben.

Wie ein Stein lag auf der Brust -
All die Last und mancher Frust,
Nun bist du frei von jener Bürde,
Doch wartet schon die nächste Hürde.
Und auch sie wirst du bezwingen,
Mit Bravur sie überspringen.

Jetzt beginnt das wahre Leben,
So sollst mit Kraft und Mut du streben,
Glück soll deinen Weg begleiten
Und nie von deiner Seite schreiten,
Auch die Sonn soll stets dir scheinen,
Auf dass du nie musst Tränen weinen.

Dank Dir

Dank Dir, mein Herz -
Ist frei von Schmerz
Und all der Kummer flog,
Von meiner Seele fiel der Stein -
Der mich ins Grabe zog.

Nun bin ich frei von Liebesgram -
Den ich im Alltag trug,
Du hast geschürt mein glühend Herz,
Das mich so oft betrog.

Du nahmst die Last von meinem Herz,
Der Schmerz in mir ist fort,
Wenn ich zur Zeit die Augen schloss,
War stets um Dich besorgt.

Mit jenem, einen schönen Wort -
Das ich von Dir ersehnt,
Erfülltest Du mir jenen Traum -
Mein Leben ist beschönt.

Lass mich Dir sein ein guter Mann,
Der stets um Dich bemüht.
Denn in meim Herzen sei gewiss,
Die Lieb Dir ewig glüht.

Und bin ich auch mal voller Gram -
So nimm es bitt nicht schwer,
Das Feuer in mir brennt für Dich
Und löscht sich nimmermehr.

Fernweh

Der Tag ist grau, trotz Sonnenschein,
Trübheit fällt ins Herz hinein
Und wie einst Heine seiner Tage -
Plagt mich heut die selbe Plage.

Eng und stickig ist die Klasse,
Welche ich im Stillen hasse,
Monoton der Unterricht,
Welchen vorn der Lehrer spricht.

Trüb und trauernd die Gedanken,
Sehn ich mich doch weit hinaus,
Mit Gefühlen muss ich wanken,
Brechen mir sonst Tränen aus.

In den Norden, auf die Berge,
Über den Polarkreis hin,
Ja ins Land der Birkenzwerge,
Dorthin strebt mein größter Sinn.

Freiheit will mein Herz erleben,
Ihr entgegen rennt mein Streben.
Bär und Lemming, Luchs und Eule,
Des Nachts ruft mich des Wolfs Geheule.

Lasst mich gehen in die Ferne,
Dorthin gäng ich doch so gerne,
Lappland ist mein Heimatland,
Nach ihm sehnt sich mein Verstand.

Doch an kühlen, grauen Mauern -
Muss ich sitzen und versauern,
Muss ich leiden an der Sehnsucht,
Werd ich planen meine Flucht.

Das Zelt

Ich saß in meinem Zelte -
Auf eines Berges Rücken
Und freute mich des Lebens,
Ich war voller Entzücken.

Doch dann begann das Stürmen,
Das Zelt wollt es wegwehen,
Doch blieb es gut verankert -
Auch trotz des Sturmes stehen.

Auch fing es an zu regnen,
Zu hageln und zu schnein,
Doch kam durch mein fein Zeltchen -
Kein Tropfen zu mir rein.

Du liebes gutes Zeltchen -
Behüte mich so fein,
Auch in den nächsten Tagen,
Ich werd dir dankbar sein.

Lied der Hoffnung

Die Stimme der Verzweiflung spricht,
Das Herz dir schon am Morgen bricht,
Die Träne läuft in dein Gesicht,
Versperrt dir deine klare Sicht.

Wisch ab die Trauerwasser dir,
Steh auf und lache doch mit mir!
Ein schlechten Tag hat jeder mal,
Mach dir Gedanken nicht zur Qual!

Dein Leben hat dir erst begonnen,
Es ist dir lang noch nicht entronnen,
So lass den Kopfe doch nicht sinken,
Lass die Augen nicht ertrinken!

Habe Mut und Kraft zu lernen!
Greife nach den hellsten Sternen!
Lass den Willen dir nicht sinken,
Lass ihn nicht im Meer ertrinken!

Die Zukunft lässt dir alles offen,
So kannst du stets und immer hoffen,
Drum lass den Misserfolg nicht siegen,
Lass ihn die Kraft in dir nicht biegen!

Nimm deinen klaren Blick dir wieder!
Strecke die enttäuschten Glieder!
Zehrt der Kampf auch dir am Mark,
Dieser Kampf er macht dich stark.

Ruf des Nordens

In der Stille dunkler Nacht,
Wenn das Wolfsgeheul erwacht,
Weht der Wind ins Zimmer rein,
Flüstert in das Ohr hinein.

Und die silbrig große Scheibe -
Durch das Fenster scheint zum Leibe,
Der sich regt und dreht im Licht
Und vergisst sein Selbstgewicht.

Dann hinaus in stiller Ruh,
Immer Richtung Norden zu -
Wandert dieser Traum hinfort,
In die Fern zum fremden Ort.

Durch die Weiten dieser Berge,
Durch die Flüsse nordscher Erde -
Ziehet er im Wanderschritt,
Leicht wie Luft wohl, Stück für Stück.

Doch am Firmament das Leuchten,
Will den Tag erneut befeuchten.
Und von weitem in die Still,
Kräht ein Hahn so furchtbar schrill.

Schnell zurück aus weiter Ferne,
Rennt der Traum zu der Kaserne
Und ganz schnell zum Fenster rein,
Legt er sich ins Hirn hinein.

Tonnenschwer sind noch die Lieder,
Öffnen sich und schließen wieder,
Tränen die man sieht wohl kaum,
Trauern nach dem schönen Traum.

Fürs Liebchen

Jeder Tag und jede Stunde,
Die ohne Dich ich bin,
Soll um das Leben meiner,
Kein zweites Mal beginn.

So sehne ich und hoffe,
Dass Du mir auch so fühlst
Und dass bei meiner Rückkehr -
Die Lipp mit Küssen kühlst.

Voll Sorge und voll Kummer,
Das soll Dein Herz nicht sein,
Denn bald da kehr ich zu Dir,
In Deine Arme heim.

Auch wenn du nichts gehöret,
Von mir seit Wochen schon,
So möchte ich Dich bitten,
Hab bitt auf mich kein Zorn.

Es lag nicht in der Macht mir,
Dir Kund von mir zu geben.
Doch Liebchen bitte glaub mir,
Es war groß mein Bestreben.

Nun sitze ich und bange -
Um jeden weit'ren Tag,
An dem ich Dir, mein Liebchen,
Kein Kund schicken vermag.

Oh bitte liebes Liebchen,
Hab noch etwas Geduld,
Denn schon in ein paar Tagen
Begleich ich meine Schuld.

Auf Wanderschaft

Ich wachte und das Wetter,
Es war so wunderschön
Und darum so entschied ich,
Auf diesen Berg zu gehen.

Die Sonne schien so fröhlich
Und fröhlich war ich auch,
Auch hat ich gut gegessen
Und keine Luft im Bauch.

Meim Liebchen wollt ich schreiben -
Von dieser Bergeshöh,
Doch konnte ich nicht senden,
Das tat mir schrecklich weh.

So zog ich voller Grame -
Hinab ins Tal zurück,
Und hofft in ein paar Tagen -
Da hätte ich mehr Glück.

Im Tale ja da bangt ich,
Die Zeit wollt nicht vergehen,
Es schienen hier die Uhren
Alle still zu stehen.

Doch morgen, ja so hoff ich,
Vergeht die Zeit im Flug
Und dann nur noch neun Tage,
Das ist wohl auch genug.

So hoff ich das mein Liebchen -
Sich keine Sorgen macht
Und sich bei meiner Rückkehr,
Nicht gleich mit mir verkracht.

Ach Liebchen, oh mein Liebchen,
Vermiss ich Dich doch sehr
Und wünsch Dich jed Sekunde -
An meine Seite her.

Wie es Dir wohl jetzt gehe,
Daheim in Deiner Stadt?
Oh Liebchen bitt verstehe,
Das hat ich gründlich satt.

Es war so laut, die Ohren -
Sie dröhnten immer fort
Und deshalb Du mein Liebchen,
Wollt ich an diesen Ort.

Hier find ich nun die Ruhe,
Die ich so lang gesucht,
Doch fehlt mir hier mein Liebchen,
Ich glaub ich bin verflucht.

Ich würde gerne beides -
Auf einen Nenner bringen,
Doch glaub ich wird mir dieses -
Wohl nimmermehr gelingen.

Bedeutungslos

Leise Flocken fall’n hernieder -
Auf die toten kalten Glieder,
Das gefrorene Gebein -
Liegt verlassen und allein.

Nur umgeben von der Weit -
Liegt erfror'ne Eitelkeit,
Trieb sie doch vor ein paar Tagen-
Aus den Mann der nun erschlagen.

Verstummte Leere um sich greift,
Kein Gedanke in ihr reift,
Dunkelheit umgibt das Land-
Unbetreten, unbekannt.

Mein Geheimnis

In meinem Herzen flammt ein Feuer,
Es ist mir wohl und ungeheuer,
Doch darf ich es Dir niemals zeigen,
Muss meine Liebe Dir verschweigen.

So viele Tage sind vergangen,
Die Du nun hältst mein Herz gefangen
Und jeder Augenblick fällt schwer,
Denn ich lieb Dich immer mehr.

Noch will ich hoffen und muss bangen,
Ist doch so manche Stund vergangen,
In der ich konnt nur an Dich denken,
Lass mich noch heut mein Herz Dir schenken.

Es schlägt so wild in Deiner Nähe,
Dass ich den Tag kaum überstehe -
Ohne die Lippen Dir zu küssen,
Ich läge Dir die Welt zu Füßen.

Doch darf ich Dir all dies nicht zeigen,
Muss lächeln, scherzen und auch schweigen
Und doch kann ich von Dir nicht lassen,
Darf Dich nicht lieben, kann nicht hassen.

Ich frag mich oft, fühlst Du wie ich?
Dann sage doch „Ich liebe dich“!
Tag um Tag wart ich darauf
Und meine Liebe hört nicht auf.

Ahnst Du was ich für Dich empfinde?
Wie quälend ich im Bett mich winde?
Mein Herz voll Kummer ohne Dich,
Der Schmerz wie eines Dolches Stich.

Doch irgendwann will ich es wagen,
Dir all die süßen Worte sagen,
Die im verborg'nen in mir wandeln,
Doch fehlt der Mut mir noch zu handeln.

Der Reisetraum

Es war ein schöner Sommermorgen,
So frisch und leicht und ohne Sorgen,
Die Vögel sangen vor dem Haus,
So tun sie es Tag ein Tag aus.

Im Bett da lag ich nicht allein,
Neben mir schlief mein Schätzelein,
Mit ihrem süßen, roten Mund,
Den ich gern küsst zu jeder Stund.

Ich sah sie gerne an im Schlaf,
Denn ihr Gesicht war süß und brav,
So gern strich ich ihr übers Haar,
Ich fühlt mich wie ein König oder Zar.

Nun hört ich Stimmen, Kinderlein,
Wie gerne wollt ich Elter sein,
Sie riefen mich: „Nun komm Papa!“
Und ich sagt leis: „Ich bin schon da.“

So schlich ich morgens mich hinaus
Und wollt nicht wecken meine Maus,
Doch ach, was für ein Missgeschick,
Es machte knall und rumps und pick.

Und plötzlich lag ich in meim Zelt,
Der Himmel von der Sonn erhellt
Und als ich sachte neben mich sah,
Da war mein Schätzchen nicht mehr da.

Stattdessen lag auf ihrem Platz -
Der Rucksack, nicht mein lieber Schatz,
Und nun da ich erwacht war kaum,
Begriff ich, es war nur ein Traum.

Liebesweh

Ich wart auf Dich in stummer Qual,
Hab ich denn eine and're Wahl?
Will Dich nicht drängen, nicht verschrecken,
Doch was ich fühl, kanns kaum verstecken.

Es kommt die Zeit, da bist Du frei,
Vielleicht wird dann aus eins ja zwei,
Doch eine Angst tief in mir wohnt
Und über meiner Seele thront.

Ich träumt so oft Du wärst bei mir,
Doch bist Du bald wohl nicht mehr hier,
Dann steh allein ich, still und stumm,
Dann schwör ich Dir ich brächt mich um.

Denn bist Du fort und nicht bei mir,
Dann wird es kalt und ich erfrier,
Welch Sinn hat dann mein Leben schon?
Die Lieb im Herz, der Kummer Lohn.

So sitz ich hier im dunklen Schein
Und träum davon Du wärest mein,
Und wenn ich aufwach fällt mir ein,
Du bist weit fort und ich allein.

Kaltes Herz

Ein süßes Wort, ein Blick von Dir,
Es schmilzt das Eis im Herze mir,
Wenn Du in meinen Armen liegst,
Den Kopf an meine Schulter schmiegst.

Es pocht das Herz in meiner Brust
Und Dich zu küssen hätt ich Lust,
Ich würde alles für Dich geben,
Mein Herz, mein Geld und auch mein Leben.

Ach könnt ich ewig Dich so halten,
Mein Herz würde nie mehr erkalten,
So gern würd ich die Lippen küssen,
Doch werd ich mich gedulden müssen.

Die Zeit gefriert den Augenblick
Und reist uns in die Welt zurück,
Du musst nun geh'n, die Zeit ist nah,
Der Abend er war wunderbar!

Nachtruhe

So süß Dein Antlitz in der Nacht,
Wenn Du fein träumst bin ich erwacht,
Ich seh Dich an gar manche Stund
Und will Dich küssen jed Sekund.

Doch Dich zu stören in der Ruh,
Vermag ich nicht und schau Dir zu,
So unschuldig und friedlich auch,
Ganz sanft streichle ich Deinen Bauch.

Und Kopf und Herz sie spalten mich,
Das Herze sagt: „ich liebe Dich“,
Der Kopf aber sagt: „lasse es sein,
Dann gehst du trauernd wieder heim“.

Kann ich nicht einfach bei Dir bleiben?
Den Kopf an Deine Schulter neigen,
Den Arm um Deinen Körper legen,
Gibst Du nicht dazu Deinen Segen?

Du hast geküsst mich diese Nacht
Und meine Lieb noch mehr entfacht,
Doch darf ich es Dir wohl nicht sagen,
Der Alkohol hat Schuld getragen.

Und Du erinnerst Dich nicht mehr,
Nun fällt es mir nur doppelt schwer,
Dich nicht zu drängen, nicht zu betteln
Und mich mit Worten nicht zu verzetteln.

Also lieg ich neben Dir,
Betracht Dein Antlitz voll Begier,
Lass sacht die Hand Dein Rücken streichen,
Meine Lieb wird nimmer weichen.

Ohne Dich

Wenn ohne Dich der Mond aufgeht,
Die Sonn hinter den Bergen steht,
Dann weinet leis mein rasend Herz
Und ist erfüllt von tobend Schmerz.

Es ist die Nacht dann grausam schwer,
Mein Herz es ist allein, so leer.
Die Dunkelheit umfängt mein Sein,
Denn ohne Dich bin ich allein.

Es singt kein Vöglein in der Still,
Das Herz wird kalt, mir ist so kühl,
Wenn da auch tausend Menschen stehen,
Nicht einer kann erahn mein Sehnen.

Du bist der Stern, der mir nicht scheint,
Der Grund dafür, dass mein Herz weint.
Und düster, traurig ist mein Blick,
Ich weiß Du kommst nie mehr zurück.

Die Nacht ist dunkel, schwarz und leer,
Ich wünschte mir, ich lebt nicht mehr!
Im Nebel graut ein neuer Tag,
Den zu beschreiten ich kaum wag.

Die Sonne steigt am Horizont,
Sie scheint so hell und unverhont,
Doch bleibt mein Herz dunkel und kalt,
Ich werd verbittert einsam alt.

Tag aus Tag ein so geht es fort,
Ich sehn mich so nach Deinem Wort,
Nach Deinem Strahlen schöner Stern,
Doch leuchtest Du nicht in der Fern.

Am Ende sehe ich hinab,
In mein kühles, nasses Grab,
Gedenke noch der schönen Zeit,
Und falle in die Einsamkeit.

Wintertraum

Des Nachtes stand ich dort am Wald,
Es war der Winter bitter kalt,
Der Mond schien über Feld und Flur,
Erhellte sanft mir die Natur.

Es glitzerten im Mondenschein,
Viel Eiskristalle schön und rein
Und aus der Ferne stiller Nacht,
Erklang des Uhus Ruf voll Kraft.

Starr ist nun alles ringsumher,
Es weht der Wind kein Ästchen mehr.
Es ist der Schnee ganz ohne Spur,
Ich höre meinen Atem nur.

Am Firmament strahlen die Sterne,
Kometen verglühen in der Ferne
Und mir wird froh und wohl im Herzen,
Verflogen sind nun alle Schmerzen.

Verflogen ist mir all mein Gram,
Als ich an diesen Waldrand kam
Und aus der monderhellten Nacht
Bin ich im Bette aufgewacht.

Dein Bild

In meinen Armen liegst Du nun,
Die Aug geschlossen kannst du ruh'n,
Vergessen all der Tage Last,
Die Du Dir aufgebürdet hast.

Tief und langsam ist Dein Atem,
Darfst Deine Träume nicht verraten.
Um uns ist Stille, Schweigsamkeit,
Ein Zeichen von Glückseligkeit.

So lieblich schön ist dieses Bild,
In meiner Brust das Herz rast wild,
Und so ich zu mir selber sag:
"Ach, wenn dies G'fühl nie enden mag!"

Doch kaum sprach ich es vor mir her -
Bist Du erwacht, das Herz wart schwer.
Mit Schlaf im Aug und müdem Blick -
Schickst Du mich nach Haus zurück.

Da sitz ich nun allein daheim,
Trink schon die dritte Flasche Wein.
Kann nicht schlafen, wache kaum,
War dies denn alles nur ein Traum?

So lass mich ruhen, lass mich schlafen,
Für was, oh Gott, willst du mich strafen!
Lass in den Traum mich doch entschwinden
Und meine Liebe wieder finden.

Denn im Traum war sie bei mir,
Ich streichelte den Nacken ihr,
Ich war so glücklich wie noch nie,
Drum in den Traum ich nun entflieh.

Mein Licht

Ich sitze hier,
In Dunkelheit verlassen,
Kann ohne Dich nicht Lieben,
Kann nicht hassen,
So leer scheint alles, mich umwogen-
Düstre Nebel die vor mich zogen.

Ein Licht nur dort am Firmament,
Das glühend, emsig, freudig brennt,
Mit tiefem Nachklang sich umgibt,
Sagt es mir, ich bin verliebt.

Dies Licht bist Du, Du ganz allein,
Es soll kein and'res Licht je sein,
Erleucht mir hell die Dunkelheit-
Mit Liebe in die Ewigkeit.

Dein Leid, mein Glück

Ein düst'res Lächeln überdeckt -
Was tief im Herzen liegt,
Ein Scharlatan der bleibet still,
Der sich für dich verbiegt,
Ein ungehobelt Untertan,
Der dir nicht würdig ward,
Ein Unhold voller Lebensdrang,
Der vor dir ist erstarrt.

Erinnerung an schöne Zeiten -
Schloss ich in mir ein,
Versiegelte mein kaltes Herz -
Mit eisgekühltem Stein,
Ich war einst froh und glücklich auch
Und doch war mir so bang,
Denn mir ward klar nach kurzer Zeit,
Dass ich am Hacken hang.

Ein Scharlatan war ich für dich,
Ein Untertan nicht mehr,
Du schnipptest mit dem Finger bloß
Und ich sprang zu dir her,
Ein Unhold war ich zu Beginn,
Doch du hast mich gezähmt,
Hab jede Bitte brav erfüllt,
Doch dich hat‘s nur vergrämt.

Verachtungsvoll schau ich auf dich,
Da ich dies nun erkannt.
Und was einst Liebe war im Herz,
Ist längst zu Staub verbrannt.
Ich wünsche dir auf deinem Weg -
Durchs Leben noch viel Glück
Und hoffe sehr, dass du bekommst -
All dieses Leid zurück.

So heb ich’s Glas und trinke drauf,
Das sich einer erbarmt,
Der dein von Eis gekühltes Herz,
Mit Feuer dir erwarmt.
Es soll dir brennen lichterloh,
Bis nur noch Asche bleibt
Und dich die Liebe, so wie mich,
Bis in den Wahnsinn treibt!

Textnachrichten

Die Worte süß, so zauberhaft,
Verschließen was im Herzen klafft
Und in der Brust da flammet auf,
Das Feuer und nimmt seinen Lauf.

Nicht Deine Stimme, noch Dein Leib,
Ich kenn Dich nicht Du holde Maid,
Doch sind so warm die Worte Dein,
Dringen bis tief ins Herz hinein.

Und jede Zeile, jedes Wort,
Trägt mich in neue Sphären fort.
Es wird mir trüb und bang und weh,
Wenn ich das End der Zeilen seh.

Doch graut der Abend bald erneut,
Was mich im tiefsten Herz erfreut.
Denn stets zur abendlichen Stund,
Erhalt ich von Dir neue Kund.

So lese ich mit größter Lust,
Vergesse all des Tages Frust,
Und stell mir vor und wünschte mir,
Du wärst nicht nur im Traume hier.

Und eines Tages dann vielleicht,
Der Traum zur Wirklichkeit gereicht.
Dann liegst Du hier in meinem Arm,
Dann wird das kalte Herz mir warm.

Wer Wind sät

Das Genick will ich dir brechen,
Will dich quälen, dich erstechen,
Aus der Brust das Herz dir reißen
Und dem Hund zum Fraß hinschmeißen.

Ja, dein Herz so hart wie Stein
Und kalt wie Eis wird es wohl sein.
Du sollst bluten, du sollst leiden,
Will mich an deinem Elend weiden.

Will mich an deinen Qualen freuen
Und Salz in deine Wunden streuen.
Nein, der Tod soll dich nicht holen,
Du sollst brennen und verkohlen.

Schreien sollst du, um dein Leben,
Mich wird's freuen und beleben.
Eisen schlag ich in deine Hände,
Kette dich an Kerkerwände.

Wo du hungernd, frierend flehst
Und die Welt nicht mehr verstehst.
Ach, wie schön klingt dein Gekreisch,
Wenn die Peitsche knallt auf's Fleisch.

Und das Blut es läuft so munter,
Deinen Rücken rot hinunter.
Du wolltest alles von mir haben,
Nun sollst du auch mein Leid ertragen,

Das du gepflanzt hast dir zum Scherz,
In mein durch dich erstarrtes Herz.
Du hast benutzt mich, mich verschmäht -
Nun erntest du, was du gesät!

Letzte Worte

Aus meiner Brust riss ich das Herz,
Es war erfüllt von Liebesschmerz,
Es war entflammt durch ein Gefühl,
Nun ist es in der Brust mir kühl.

Wo einst das kleine Herz mir schlug,
Ist Dunkelheit die mich begrub.
Einst fühlte ich mich gottesgleich,
Erfüllt von Lieb unendlich reich.

Nichts blieb von Glanz und Glorienschein,
Stand ich mit meiner Lieb allein.
Du nahmst mir all mein Fühlen, Sehnen,
Du zogst das Blut aus meinen Venen,

Bis dass am End nichts von mir bleibt -
Als ein verblich'ner toter Leib.
So lass mich sterben diese Nacht,
Auf das der Tag nie mehr erwacht.

Ins Licht

So kalt und leblos war mein Herz,
Erfüllt von Gram und Liebesschmerz.
So ohne Sinn schien mir mein Leben,
Der Tod sollt mir Erlösung geben.

So unbarmherzig war die Qual,
Ich wandelte durchs tiefste Tal.
So schwarz und leer war mir die Brust,
Ersehnt ich doch den Tod mit Lust.

Doch plötzlich wart es hell und klar
Und in dem Licht standest Du da.
Mit einem Mal flog all der Frust -
Aus meiner leidgequälten Brust.

In meinem Herzen schmolz das Eis,
Die Liebe brannte lodernd heiß
Und wo so leer die Brust mir war,
Erklang Musik ganz wunderbar.

Nun bin ich glücklich, nicht allein,
Kann ich mit Dir zusammen sein.
So wohl ist mir in Deiner Näh,
Nun tut mein Herzchen nicht mehr weh.

Dein Licht

Mein Herz es zittert und zerbricht,
Es blutet mir mein Augenlicht.
Wenn mir der Abschied von Dir naht,
Ist dies wie eine Höllenfahrt.

Aus Deinem Licht fall ich herab,
In mein kühles, dunkles Grab,
Warte dort die Ewigkeit,
Bis wir sind erneut zu zweit.

So träume ich in schwarzer Nacht,
Weil Du die Lieb in mir entfacht.
Das Feuer brennt so heiß in mir,
Doch bist Du fort und ich noch hier.

Du zeigtest mir was Leben ist,
Genau dies hab ich wohl vermisst,
Nicht trübsinnig in Ecken sitzen,
Weil düster mir Gedanken blitzen.

Es ist so warm in Deiner Näh
Und wenn ich in Deine Augen seh,
Dann sind vergessen all meine Sorgen
Und ich denk nicht mehr ans Morgen.

Denk nicht mehr, was könnte sein,
Fühl mich geborgen nicht allein.
Ich bin verrückt nach Deinen Küssen,
Doch werd ich sie entbehren müssen.

Deine Haut, die zarten Lippen,
Von den ich gern die Lieb will nippen,
Deine Haare, Dein süßer Duft,
Doch fall ich in meine dunkle Gruft.

Und fort bist Du, weit fort von mir,
Nur Deine Liebe ist noch hier.
Ich spüre sie tief in der Brust,
Sie ist so warm und bringt doch Frust.

So sitze ich Nacht ein, Nacht aus -
In meinem kühlen, dunklen Haus
Und warte dass der Tag anbricht,
Das mich erneut umgibt Dein Licht.

Herbstliebe

Ein Windhauch zieht die Blätter ab -
Die gelb und braun an Bäumen,
Sie fallen auf die Erd hinab -
Und lassen Menschen träumen.

Ein Nieselregen fällt hernieder,
Sanft und seicht auf Deine Glieder.
Es fröstelt Dich der kühle Wind,
Nimm meine Jacke schönes Kind.

Ein Nebel kriecht sich übers Land -
So dicht, er raubt uns den Verstand.
Mein Liebchen komm in meinen Arm,
Dann wird mir froh und Dir wird warm.

Auf einer Bank schlafen wir ein.
Ach, könnt'st Du immer bei mir sein,
In meinem Arm wie heute liegen
Und Dich so lieblich an mich schmiegen.

Und während wir zusammen träumen,
Reißt Wind die Blätter von den Bäumen,
Der Regen überschwemmt die Straßen
Und Nebel breitet aus die weißen Massen.

Doch in den Herzen spür'n wir Licht,
Denn unsre Liebe stört das nicht.
Ich wünscht wir wären nie erwacht,
In dieser kühlen Herbstesnacht.

Angekommen II

Du wünschst zu küssen mir die Lippen,
Und auf meim Schoße willst Du wippen?
Für beides bin ich gern bereit,
Im Jetzt und Hier zu jeder Zeit.

Nur bist Du fern, es tut so weh,
Wenn ich allein zu Bette geh,
Kein sanfter Hauch, kein zarter Blick,
Doch bald kehr ich zu Dir zurück.

Dann halte ich Dich fest im Arm
Und Du wirst seh'n es wird Dir warm.
Ich streichel Deine zarte Haut
Und küsse Dich von Fuß bis Haupt.

Und schau Dir tief in Deine Augen,
Denn auch ich kann es kaum glauben,
Das wir wirklich uns gefunden,
Nach so langen einsamen Stunden.

Voll Sehnsucht nun erwarte ich,
Den Tag an dem ich halte Dich.
Dann will auch ich den Mund Dir küssen
Und jede Sünd mit Dir genießen!

Tausend Kerzen

Nun bist Du fort, bist nicht mehr hier,
Es brennt so heiß die Lieb in mir.
So heiß brennt in mir ein Gefühl,
Es ist mir heiß und doch so kühl.

Es ist mir warm und kalt zu gleich,
Bei Dir werden die Knie mir weich.
In Deiner Näh die Sinne schwinden,
Dacht nie ein Weib wie Dich zu finden.

Du bist so rein, ganz ohne Glimmer,
Ich hoffe Du bleibst mein für immer,
Denn jeden Tag, jede Sekund -
Wünsch ich zu küssen Deinen Mund.

Was ich Dir sagen will von Herzen,
Es brennen in mir tausend Kerzen.
Sie brennen unsrer Liebe wegen,
Kein Sturm vermag sie auszufegen.

Der Traumwanderer

Das Knirschen von Kufen auf eisigem Schnee,
Die Glieder erfroren, die Gelenke tun weh.
Es bellen die Hunde und sie ziehen an,
Es treibet den Führer verbissener Zwang.

Es treibet ihn fort von Frau und von Kind,
Es ruft ihn ins Eise, ein schneidender Wind.
Nicht Spalten in Gletschern,
Nicht Bergeshöhen -
Können ihn stoppen,
Er bleibet nicht stehen.

Nichts kann ihn brechen, nicht Hunger, Gefahr
Er sehnet nur, sein Traum würde wahr.
Es tönen Befehle, die Peitsche sie knallt,
Die Hunde, sie ziehen mit Kraft und Gewalt.

Was treibet ihn weiter? Was treibet ihn an?
Es ist sein Tun ein krankhafter Zwang,
Es ist seine Liebe zu Kälte und Eis,
Es kostet die Freiheit einen sehr hohen Preis.

Die Freiheit, die Ruhe, er findet sie hier,
Er öffnet die Augen und alles wird wirr.
Kein Eis und kein Schnee umgebet ihn mehr,
Sein Herze erstarrt, es wird ihm so schwer.

Wo sind die Hunde, die bellten vor ihm,
Die voller Kraft den Schlitten ihm zieh'n?
Wo ist die Kälte, der eisige Wind -
Der ihn durchfröstelte so geschwind?

Langsam erst dämmert ihm was geschah -
Er hat geträumet und gar nichts war wahr.
So ist es immer um ihn bestellt -
Er öffnet die Augen, sein Traum ihm zerfällt.

Der nächtliche Freund

Am Feuer sitzen wir unter dem Stein,
Es zieht die Kälte uns ins Gebein.
Die Sonne sie sinkt, es dunkelt schon,
Die Eule krächzt in der Bäumen Kron.

Es sitzen am Feuer nur wir zwei,
Hier fühl‘n wir uns sicher,
Hier fühl’n wir uns frei.
Die Dunkelheit umarmt uns ganz,
Es flackert vor uns der Flammentanz.

Wir beide sitzen still umarmt,
Das flackernde Feuer uns erwarmt.
Es knistert das Holz im Flammenmeer,
Es riecht nach schwedischem Birkenteer.

So oft saßen wir am Feuerschein,
Du warst immer da und ich nie allein.
Mein treuer Begleiter es ist an der Zeit -
Das ich Dir danke, heut ist es so weit.

So viele Nächte hast du mich erwarmt,
Hast zärtlich mich in der Nacht umarmt.
So lasse uns schlafen in nächtlicher Ruh -
Denn der beste Schlafsack, der bist Du.

Sehnsucht brennt

So lang fühlt ich nicht diesen Schmerz,
Der zerreißt mir nun mein Herz,
Der mir zieht durch jede Sehne
Und ich vergieße manche Träne.

Ja so manche Träne fließt -
Von den Augen übers Gesicht.
Es sind Tränen die du nicht siehst,
Ich wurde geworfen ins tiefste Verlies.

Vom höchsten Gericht zum Tode verdammt,
Steht meine Seele an dieser Wand,
Die blutgetränkt und schon durchlocht,
Bis jetzt noch jede Seel unterjocht.

Es ist zu Ende, ihr habt gewonnen,
Meine Träume sind nun zerronnen.
Gebrochen hat mich das Verlies,
Du edler Henker, komm und schieß!

Komm schieß du edler Totengräber -
Mir durch die Nieren und die Leber,
Durch mein Herz, nun schieß doch, komm!
Es geht kein Schuss, ich hör kein Bomm.

Sitzen muss ich hier im Dunkeln,
Hören dieses leise Munkeln.
Ja es treibt mich in den Wahnsinn,
Hat doch nichts auf Erden Sinn!

Und so sterb ich diese Nacht -
Wie die letzte, wie die nächste
Und bin am Morgen doch erwacht,
Wenn hohnvoll mir die Sonn zulacht.

Doch nun zerreißt du mir mein Herz -
Sehnsucht die du in mir wohnst.
Jeder Hoffnungsflug nur Schmerz -
Zu lang du über mir schon thronst.

Und so muss ich hier versauern,
Um die schönen Zeiten trauern,
Die verronnen schon vor Jahren
Und nur Erinnerungen waren.

Schöner sah ich keine

Der Wind, er flüstert leis zu mir,
Erzählt von deiner Schönheit mir.
Im Sonnenscheine strahlt dein Haupt -
Der Körper zart und schlank gebaut.

Dein Duft von Birken, Moos und Tannen,
Er steigt mir in den Kopf, die Wangen -
Werden rot vom Rausche der mich wiegt,
Das Feuer brennt, das in mir liegt.

Zu deinen Füßen will ich ruhen,
Will alles was du willst nur tuen,
Und jede Handlung, alles Streben,
Allein für dich will ich es geben!

Den Kopf auf deinen Bauch gelegen -
Will ich von deinen Tränen leben,
Die Flüsse, Ströme, Seen bilden
Und meines Herzens Kummer tilgen.

Ach wenn ich sterben müsst für dich,
Es wär mir gleich, ich leb für dich,
Doch bist du dort und ich bin hier,
So weit ist mir der Weg zu dir.

Das Verlangen dich zu sehen,
Es wird niemals wohl vergehen.
Durch die Täler, über die Höhen -
Deines Körpers will ich gehen.

Es zerreißt mich das Verlangen -
Nach den frostig blauen Wangen,
Nach der grün und grauen Haut,
Die dich seit jeher wohl erbaut.

Nach den Falten sehnt es mich,
Die durchfurchen dein Gesicht,
Nach dem Wasser muss ich sehnen,
Das durchströmt die blauen Venen.

Ja, den Klang von deinem Stöhnen,
Willst du mich denn so verhöhnen?
Tag um Tag und Nacht um Nacht -
Habe ich an dich gedacht.

Rauschen, rollen, stürmen, schrei'n,
Diese Klänge sind nur dein
Und es fehlet mir der Regen -
Der die Haut dir nässt verwegen.

Auch der Schnee der weiß bedeckt
Und ins Tale sich erstreckt,
Mit den Schuppen deiner Haut -
Manchen Hügel hat erbaut.

Andern Ortes schuf das Eis -
Tiefe Täler voll von Schweiß,
In dem Haar das dich bedeckt,
Hat sich manches Tier versteckt.

Deinen Körper ohne Makel -
Verschont bis jetzt noch der Tentakel,
Der umarmt so viele Lande,
Und bracht ihnen nichts als Schande.

Narben und oft offene Wunden,
Zeugen von den traurigen Stunden,
Sei gewiss ich lass nicht zu -
Das dir einer Böses tu.

Ewig und für alle Zeiten -
Sollst du dich im Norden breiten
Und erfreuen viele Augen -
Die noch an die Schönheit glauben!

Rumpelstilzchen

Um das Feuer tanze ich,
Warte schon so lang auf dich,
Bald gehörst du mir allein,
Werd nie wieder einsam sein.

Drei Tage gab ich ihr zur Frist,
Ein Rätsel das nun an ihr frisst.
Mein Namen soll erraten sie,
Kein Menschlein hört wie ich ihn schrie.

Und ums Feuer tanze ich,
Spreche einen Reim auf dich,
Meinen Namen errätst du nie
Und wenn ich noch so laut ihn schrie.

Heute back ich, morgen brau ich,
Übermorgen hol ich mir der Königin ihr Kind,
Ach wie gut das niemand weiß,
Das ich Rumpelstilzchen heiß.

Die Kette und der Ring sind fort,
Nun hol ich dich an diesen Ort,
Du bist der Preis, du bist mein Lohn,
Sollst mir dienen ihr zum Hohn!

Ein halbes Jahr

Mich taucht des Lebens dunkler Sinn,
In schwarze Wermutstropfen,
Die Liebe früh mir schon verging,
Mein Herz hört auf zu klopfen.

Der Frühling zog an mir vorbei,
Der Sommer ist vergangen,
Nun hat mit seinem bunten Laub -
Der Herbst schon angefangen.

Der Frühling zog an mir vorbei,
Mit Kummer und mit Sorgen,
Ich habe mich den Frühling lang -
Im Kämmerchen verborgen.

Der Sommer rannte vor mir fort,
Mein Liebchen war am fernen Ort,
Doch nun des Herbstes buntes Blatt,
Säht in mir neue Hoffnungssaat.

So kalt, so schön, so fern

Auf goldenen Schwingen schweb ich dahin -
Über die Wälder und über die Seen,
Zur Sonne hinauf, zum Nebel ins Tal -
Wo stauet sich die Freiheit zum Wall.

So unendlich schön in goldenem Licht,
Das bläulich sich im Gletscher bricht
Und wie ein Band von Silberstein,
Stürzt sich der Fluss ins Tal hinein.

In den Bergen stehen Wolken,
Dicht wie Geisterhauch zur Nacht
Und im Felsen an der Steilwand -
Ist der Adler grad erwacht.

Wie ein König streift ein Braunbär -
Durch den Krüppelbirkenwald
Und vom Berge, von dem Gletscher -
Hört man wie das Eise knallt.

Oh, wie schwer sind diese Tage,
Wo ich solch Gedanken trage.
Ein neuer Tag klopft an die Tür
Und wie schon gestern bin ich noch hier.

Kein Berg, kein Tal, kein brauner Bär,
Wie gern ich doch im Norden wär!
Im eisigen Norden, im rauen Land,
Mein Sehnen raubt mir den Verstand.

Wehmut

Von Eis umschlossen,
In tiefschwarzem Stein,
Da lieget verschlossen -
Mein Herzelein.

Kein Sonnenstrahl erhellt mein Herz,
Das ist umschlossen von dunklem Schmerz,
Von dunklem Schmerz ist es umhüllt,
Weil keine Lieb es mir erfüllt.

Von Tränen erfüllt mein Angesicht,
Doch weinen, nein das kann ich nicht,
Hinter dem Lachen so erquickt -
Tiefe Trauer mich erstickt.

Du bist mir entronnen in stürmischer Nacht
Und wieder ist Trauer tief in mir erwacht,
Es fließt eine Träne für jede Sekund,
Die wir verbrachten im Liebesbund.

Lebenserkenntnis

Wo lieblos grauer Stein sich hebt,
Wo Lava fließt und Erde bebt,
Wo heißes Wasser sich ergießt
Und prachtvoll in den Himmel schießt,

Dort liegt die Wiege allen Lebens
Und der Anfang allen Strebens.
Beschütze dir den heil'gen Ort,
Den klaren Sinn find'st du nur dort.

Wo grün sich weite Wiesen dehnen,
Wo tiefe Täler, Schluchten gähnen,
Wo Blumen wachsen voller Glück,
Dahin führt dich dein Weg zurück.

Hier findest du den Sonnenschein,
Du atmest frischen Odem ein,
Bewahre dir die heil'ge Statt,
Weil deine Seel hier Frieden hat.

Wo bläulich schimmernd Eis sich türmt,
Wo eisig kalt der Winde stürmt,
Wo alles Leben scheint dir trist,
Dort findest du erst wer du bist.

Es schäumt sich Angst in deiner Brust,
Schon denkst du, dass du sterben musst,
Doch ist der Tod dir ewig fern,
Das Leben liebt dich, hat dich gern.

Nur hier, wo still das Eis dir raunt,
Wo Todesstille dich erstaunt
Und sich auf dein Gemüte drückt,
Da findest du zu dir zurück.

Nicht Todeswahn ist was dich mahnt,
Es ist die Lieb die dich umarmt,
Sie drückt die Seel dir aus dem Leib,
Denn deine Lieben sind dir weit.

Frag nicht wo liegt der Quell des Lebens,
Der Anfang deines höchsten Strebens,
Such nicht die grünen Wiesen dir,
Denn was du suchst, findest‘s nicht hier.

Such in der Einsamkeit, der Stille,
Ergründe deinen Sinn, dein Wille!
Und du wirst finden in deinem Streben,
Die Liebe ist's was hält am Leben!

Gedankenbilder

Und wieder ist ein schöner Tag -
Den ich zu nutzen nicht vermag,
So krank und schwach ist schon mein Herz,
Dass es vergräbt sich tief im Schmerz.

So lang bin ich schon eingesperrt,
So lang schon wird mein Traum verwehrt,
Noch immer weiß ich, muss ich warten,
Kann vor Schmerzen kaum mehr atmen.

Du bist entronnen in tiefschwarzer Nacht,
Da hab ich gesoffen und habe gelacht,
Doch bin ich weinend bald aufgewacht!

Jetzt sitz ich am Fenster und denke nach,
Über dich und über mich,
Doch komm ich zu keinem Ergebnis nicht.

Dein Stimmlein

Ein Lächeln in tief schwarzer Nacht,
Ein Stimmlein in dem Ohr erwacht
Und aus der Asche, noch versteckt,
Ein Röslein sich zum Himmel streckt.

Dies Röslein wuchs für dich allein,
Es soll dein Leben dir erfreu'n
Und wenn du einsam scheinst zu sein,
Dann denke an dies Röselein.

Und schnell die Zeit wird dir vergehen,
Die Zeit bis wir uns endlich sehen
Und in der Asche werden sein -
Noch tausend solcher Röselein.

Das Lächeln das du mir geschenkt,
Dein Stimmlein mir im Ohre hängt
Und tief im Herzen ist erwacht,
So ein Gefühl das glücklich macht.

Er

Er ist jung und er ist schön,
Es tut dir gut ihn anzuseh'n
Und in dir regt sich ein Gefühl,
Du fragst dich ob er auch schon will.

Er blickt dich an und es wird klar,
Er will es auch, na wunderbar
Und langsam fallen deine Hüllen,
So kannst du endlich Küsse fühlen.

Er küsst und streichelt deine Haut,
Denn du bist wunderschön gebaut
Und langsam fallen seine Hüllen,
So kannst du seinen Körper fühlen.

Er und du, ihr Haut an Haut,
So lang hat sich das aufgestaut
Und ganz wild wird euer Spiel,
Schließlich kommst auch du zum Ziel.

Er ist nun dein und du bist sein.
Zurück bleib ich, wieder allein,
Erstarrt das Herz durch deinen Blick,
Du trägst von Liebe nicht ein Stück!

Kalter Schmerz

All mein Streben, all mein Sinnen
Soll in Finsternis zerrinnen.

Jed's Gefühl sich übergeben
Und die Lieb vom Herz mir treten.

Ja, die Lieb sie soll verschwinden,
Kann den Schmerz kaum überwinden.

Kalt wie Eis und hart wie Stein,
Soll nun sein mein Herzelein.

Nie die Lieb will ich mehr spüren,
Nie soll mich Gefühl mehr führen.

Und die Welt wird frei von Schmerz,
Ich sehn mich nach ei'm kalten Herz.

Dein Lächeln

Als ich in meinem Kummer saß
Und nur noch fühlte Schmerz und Hass,
Da schien ein Licht in die Dunkelheit
Und du hast mich befreit.

Es war Dein Lächeln, dass mich entzückt,
Dass allen Kummer von mir gerückt.
Es war Dein Lächeln, es gab mir Mut,
Ich wusste nun wird alles gut.

Du hast mein Herz in Brand gesetzt
Und meinen Hass durch Lieb ersetzt,
Führtest mich aus der Dunkelheit,
Ins Licht der süßen Zweisamkeit.

Und wenn uns mal ein Schatten befällt -
So wird er bald vom Licht erhellt,
Denn stärker noch, als Hass und Schmerz,
Ist unser beider Lieb und Herz.

Brennende Liebe

Mein Herz hast Du gestohlen mir,
Doch bin ich gar nicht böse Dir,
Eh hätte ich es Dir geschenkt,
Weil meine Liebe für Dich brennt.

Es dunkelte und ich entschlief,
In einen Traum ich mich verlief,
Auf einer Bank im Park ich saß -
Mit Dir und alles um mich vergaß.

Und ich genoss die Zweisamkeit,
So wunderschön mit Dir die Zeit,
Ich leg mein Kopf in Deinen Schoß
Und Liebesschauer mich umfloss.

Ich fühlt mich glücklich, fühlt mich frei,
Wenn diese Nacht doch ewig sei!
Ich wünscht ich wäre nie erwacht,
Doch ging zu End auch diese Nacht.

Der Student

Es wandelte ich in heiligen Hallen,
Der Professoren Stimmen schallen,
Die Luft war stickig und verbraucht,
Das Hirn gequält und stark gestaucht.

Es handelte von Algebra,
Von Drehmoment und Wurzeln gar,
Im Kopf drehen sich Polynome,
Mich trifft der Wissenschaften Krone.

Es schmerzt das Haupte mir zum schrei'n,
Doch muss noch viel mehr mir hinein,
Ich quetsche Formeln in die Ecken -
Wo sonst nur die Dämonen stecken.

Es raucht der Kopfe mir vom Denken,
Will keiner mir sein Wissen schenken?
Und immer mehr strömt auf mich ein,
Ich möcht weglaufen, möchte schrei'n.

Es ist so viel doch nützt es kaum,
Muss es ja lernen, es ist kein Traum,
Es ist kein Traum der nur vergeht,
So am End die Prüfung steht.

Es rennt die Zeit an mir vorbei,
Sie ist so kurz, der Kopf, ein Schrei,
So schnell rennt mir die Zeit vorüber
Und meine Gedanken werden trüber.

Es scheint sich alles mir zu schließen
Und manchmal wöllt ich mich erschießen,
Doch dann eröffnet sich ein Sinn
Und ich weiß wieder wer ich bin.

Es wird nun klar im Haupte wieder
Und das erschießen wird mir bieder,
Ich setz mich wieder in die Hallen,
Hör der Professoren Stimmen schallen.

Es geht so fort wohl tausend Mal,
Erst ist es gut, dann kommt die Qual
Und am Ende steh ich da,
Und denk: „Die Zeit war wunderbar!“

Herrgott und seine Engelein

Der Teufel kam zu mir bei Nacht,
Er hat gar seltsam schön gelacht.
Er sagte: „Knabe fürcht dich nicht
Ich zeige dir das Himmelslicht!“

Er sagt der Teppich sei ein Floß,
Und kaum gesprochen flog er los
Und immer höher geht die Fahrt
Und immer weiter fällt es ab.

Da hört man weit vorm Himmelstor,
Den heiligsten, den Himmelschor,
Die schönsten Strophen singt er dir,
Gar schöner als auf Erden hier.

Der Teufel gab den Englein Wein,
Schon wandelt sich der Strophen Reim
Und statt der himmlisch schönen Klänge -
Grölt und rülpst die Engelsmenge.

Am Himmelstor, der Engel spricht:
„Tritt ein und fürcht den Gotte nicht!“
Der Teufel gab dem Engel Wein,
Vor Freud fängt dieser an zu schr'ein.

Teufel sag mir kann das sein,
Mag Gott denn auch ein Saufbold sein?
Der Teufel nickt und zeigt nach vorn,
Dort sitzt der Gott auf seinem Thron.

Und als ich die Gestalt erblickt,
Er war so unrasiert und dick,
Da sagt der Teufel ganz entzückt:
„Sieh an dir dieses Himmelsglück!“
Ich fleht ihn an, bring mich zurück!

Der Traum verschwand, ich war zu Haus,
So sieht der Herrgott selber aus?
Und der Teufel so charmant -
Hält die Fäden in der Hand.

D'rum lebe ich wie's mir gefällt,
Ich hure rum, versauf mein Geld,
Denn in des Himmels trübes Licht,
Führt mich mein Sehnen wirklich nicht!

Morgentraum

Ein düst'rer Nebel streift durchs Land,
Er staut sich auf an jener Wand,
Von schroffen Felsen und kaltem Stein,
Versperrt den Blick ins Tal hinein.

So geisterhaft durchdringt ihn Licht
Und gibt dem Blick bald klare Sicht,
Auf Tal und Berg und auf die Seen,
Was schön'res kann kein Auge seh'n!

Und von der Felswand fällt herab,
Ein Silberregen, kalt und matt -
Auf den glänzend nassen Stein,
So fließt er weit ins Tal hinein.

Frische Luft

Nieselregen, sanft fällt er hernieder,
Wind fröstelt mir die nassen Glieder,
Nach Schnee und Eis riecht schon die Luft,
Ein angenehm fröhlicher Duft.

Der Duft so süß, der Mondenschein -
Fällt bis ganz tief ins Herz hinein,
Und Sterne funkeln hier und dort,
Wenn kurz zieht eine Wolke fort.

Wie liebe ich derartig Nächte,
In denen ich schon manchmal dächte,
Ich wäre frei von allen Sorgen,
Doch kommt das Grauen, kommt der Morgen.

Die ganze Nacht könnte ich wandeln,
In meinem Kopf mit mir verhandeln,
Über so manche Zwistigkeit -
Die mich martert von Zeit zu Zeit.

Den Fuß auf feuchten Boden setzen,
Die Kleider mir vom Leibe fetzen,
Frei sein von allen Erdenlasten,
Durch die Dunkelheit mich tasten.

So soll es sein und ist's im Traum,
Doch im wahren Leben kaum,
Da musst du lernen und studieren
Und dich mit Wissen reich verzieren.

Durchnässt bis auf den letzten Knochen,
Komm ich nach Haus zurück gekrochen,
In enge stickig, schwüle Räume,
Wo ich bis heut von Freiheit träume.

Inhaltsverzeichnis